Paul Arnold

Das Totenbuch der Maya

HERDER / SPEKTRUM

Band 4247

Das Buch

Der Kreislauf von Leben und Tod aus der Sicht der Maya – das Weisheitsbuch eines rätselhaften Volkes zum ersten Mal entschlüsselt. Die Maya-Kultur genießt heute ein weltweites Interesse, und doch gehört sie zu den am wenigsten erforschten Kulturen. Das Totenbuch der Maya stellt – neben dem ägyptischen und dem tibetischen – das dritte große Totenbuch der Menschheitskultur dar: Götter, Geister und Dämonen, religiöse Vorstellungen und magische Rituale einer untergegangenen Hochkultur werden vor dem geistigen Auge des Lesers lebendig und erhalten verblüffende Deutungen. Paul Arnold, der berühmte Religionswissenschaftler, weist nach, daß Schriftzeichen und Jenseitsvorstellungen der Maya verwandte Züge mit denen ostasiatischer Völker (vor allem mit den Chinesen) tragen, und führt die Kulturen Altamerikas und Asiens auf einen gemeinsamen Ursprung zurück. Eine wissenschaftliche Glanzleistung und ein spannender Ausflug voller Überraschungen in eine faszinierend-fremde Zeit, die uns die Welt mit neuen Augen sehen läßt und noch viele Entdeckungen verspricht.

Der Autor

Paul Arnold, namhafter Religionswissenschaftler, dem erstmals die Entzifferung der Maya-Schrift gelang.

Paul Arnold

Das Totenbuch der Maya

Das geheime Wissen
der indianischen Hochkultur

Herder
Freiburg · Basel · Wien

Alle Rechte vorbehalten – Printed in Germany
Verlag Herder Freiburg im Breisgau 1993
Lizenzausgabe mit Genehmigung des Scherz Verlag, Bern und
München. Titel des Originals: „Le Livre des morts maya"
© 1978 by Editions Robert Laffont
Einzig berechtigte Übersetzung aus dem Französischen von Angela von
Hagen. Alle deutschsprachigen Rechte beim Scherz Verlag, Bern und
München. Untertitel der deutschen Ausgabe: Der Kreislauf von Leben
und Tod aus der Sicht der Maya – das Weisheitsbuch eines
rätselhaften Volkes, zum ersten Mal entschlüsselt.
Herstellung: Freiburger Graphische Betriebe 1993
Umschlaggestaltung: Joseph Pölzelbauer
Umschlagmotiv: Prozession, Wandmalerei Bonanpak, Chiapas
(Mexiko), Maya, Klassikum, 600–900 n. Chr.
ISBN 3-451-04247-9

INHALTSVERZEICHNIS

Erster Teil
Erläuterungen und Kommentare zur Entzifferung des
Totenbuches und zu den religiösen Vorstellungen der Maya

Zweiter Teil
Das Totenbuch der Maya –
Text und Materialien zu seiner Entzifferung

Seitdem die Originalfassung dieses Buches in französischer Sprache veröffentlicht wurde, sind zwei Jahre vergangen. Mittlerweile habe ich die Übersetzung des Dresdner Codex fertiggestellt und die des Madrider Codex begonnen; beide Texte sind beträchtlich länger als der Pariser Codex. Aufgrund dieser Arbeit konnte ich die vormals angegebene Bedeutung etlicher Zeichen und Zeichengruppen präzisieren oder berichtigen. Dem deutschen Publikum wird nun der daraufhin überarbeitete Text einschließlich der dazugehörigen Kommentare vorgelegt.

Abgesehen von den vielen Zeichen, die im hier übersetzten Pariser Codex gar nicht vorkommen, hat die Entzifferung des Dresdner Codex den sichtbaren Beweis für die Genauigkeit meiner Textübertragung in den Grundzügen erbracht. Das Dresdner Manuskript ist in erster Linie eine vielsagende Bildfolge über göttliche, rituelle und magische Vorgänge. Über den Zeichnungen befindet sich eine Bildlegende von etwa zwei bis drei Zeilen, die nach meiner Übertragung oft die Beschreibung des darunterstehenden Bildes darstellt.

Dieser Umstand und die Bestätigung durch etliche Sinologen erweisen – trotz einiger Unsicherheiten und wohl auch noch Irrtümer – zur Genüge die Richtigkeit der von mir vorgeschlagenen Lesart der Maya-Texte.

Meine neuerlichen Entzifferungen belegen zudem einwandfrei, daß die erhaltenen Maya-Manuskripte – anders als die Steininschriften – ausschließlich religiöse und esoterische Schriften sind; die Unkenntnis der heutigen Spezialisten für Amerikanistik auf dem Gebiet der spirituellen Lehren und

7

Traditionen, namentlich der asiatischen, wird sie wenig geeignet machen, das Denken und die Mentalität der Maya richtig zu ergründen.

Meine zusammenfassende Arbeit über die Maya-Religion nach der Entzifferung aller drei Codices ist in Vorbereitung.

Paul Arnold

ERLÄUTERUNGEN UND KOMMENTARE ZUR ENTZIFFERUNG DES TOTENBUCHES UND ZU DEN RELIGIÖSEN VORSTELLUNGEN DER MAYA

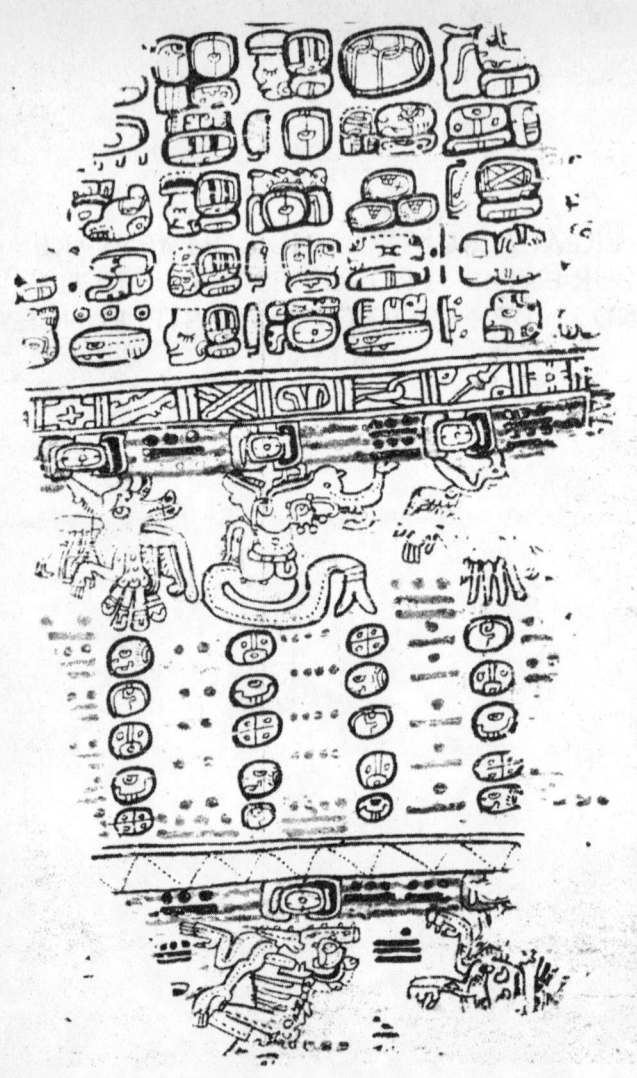

Eine Seite aus dem »Totenbuch der Maya« (Pariser Codex). Übersetzung siehe Kapitel 14. Ein Teil des Textes ist ausgelöscht.

1.
DIE ENTZIFFERUNG DER MAYA-SCHRIFT

Das Interesse an der Maya-Kultur ist, besonders seit etwa einem Jahrhundert, auf der ganzen Welt sehr groß. Dennoch gehört sie zu den am wenigsten erforschten Kulturen. Obwohl sie uns zeitlich nicht allzu fern liegt – sie ist erst im 16. Jahrhundert untergegangen –, wissen wir kaum mehr über sie, als wir vor Champollion über die Kultur Ägyptens und die pharaonischen Hieroglyphen wußten. Die ernstzunehmenden Historiker und Chronisten der Kolonialzeit, allen voran Diego de Landa, der erste Bischof von Yucatan, der die meisten handschriftlichen Texte zerstörte, da er sie für Teufelswerk hielt, haben nicht viel mehr brauchbare Berichte hinterlassen als die antiken Historiker über Ägypten.

Aus der Maya-Zeit sind sehr viel weniger Inschriften und Handschriften erhalten als im Niltal gefunden wurden, und diese Schriften sind bis zum heutigen Tag ein fast ungelöstes Rätsel geblieben. Ich habe mich daran gemacht, es aufzulösen, und konnte dabei feststellen, daß in erster Linie die Amerikanisten für den schlechten Forschungsstand verantwortlich zu machen sind. Sie leugnen jeden Zusammenhang mit der chinesischen Schrift und Sprache, die mir den Schlüssel für meine Arbeit geliefert haben, und wollen die Maya-Kultur immer noch auf einen selbständig entstandenen und autark lebenden Zivilisationskern in Mittelamerika zurückführen. Sie forschen, ohne durch Vergleiche irgendeinen Ansatzpunkt zu haben, nach rein induktiver Methode verzweifelt nach dem Sinn der über 700 Zeichen. So ist die Entzifferung trotz bewunderungswürdiger Anstrengungen kaum einen Schritt vorangekommen, abgesehen von einigen wenigen Details, denn jeder Vorschlag, der ja immer rein zufällig entstand, entfesselte sofort einen Sturm von Streitigkeiten.[1]

Ich schob also das bisher Gesagte beiseite und versuchte es zuerst einmal mit einem einfachen Vergleich zwischen dem Chinesischen – der klassischen Schriftsprache und der gesprochenen Sprache – und der klassischen Sprache der Maya, wie sie von Maurice Swadesh, Maria Cristina Alvarez und Juan R. Bastarrachea[2] nach modernen Methoden aufgeschlüsselt wurde. Das Resultat war verblüffend. Die Struktur der Maya-Sprache, ursprünglich monosyllabisch wie im wesentlichen das Chinesische (die neuerlichen Bemühungen der Sinologen, ein bisyllabisches Idiom daraus zu machen, bleiben hier unbeachtet), die Syntax, die Vielfalt der Wortfunktionen, der Sprachaufbau, einzig dastehende Besonderheiten wie das Spezifikativ zwischen Zahl und aufgezählten Gegenständen, das eigenartige Verbsystem, das im wesentlichen nicht auf Zeit beruht, sondern auf durativem und habituellem Modus, schließlich einige erste lexikalische Sondierungen – das alles brachte mich zu der Gewißheit: Die beiden Sprachen oder Sprachgruppen sind eng verwandt.[3]

Es gibt eine Familie von Sino-Maya-Sprachen, bei denen die Verwandtschaft der phonetischen Regeln leicht zu erkennen ist und deren Wörter zum Teil über Jahrtausende die gleiche Bedeutung behalten haben. So etwa maya *lab*, »alt«, chinesisch *lao*, »alt«; maya *lub* wie chinesisch *luo*, »hinuntersteigen, fallen«; maya *tub* wie chinesisch *tuo*, »spucken«, etc., oder auch, durch Nasalierung von *k* oder *c* am Ende des Wortes in der Maya-Sprache *muc* wie chinesisch *mung*, *meng*, »bedecken«; maya *hak* wie chinesisch *huang*, »erschrecken«; maya *tzic* wie chinesisch *ting*, »gehorchen«, etc. Trotz einer Trennung der beiden Sprachen, die einige Jahrtausende zurückliegen muß, herrscht hier eine seltene semantische Stabilität.

Nachdem diese Sprachverwandtschaft festgestellt war[4], bestand zu Recht die Frage, ob es eine Beziehung gab zwischen den Maya-Hieroglyphen und den ideographischen oder phonetischen chinesischen Hieroglyphen, aus denen, wie man heute aufgrund von zahllosen Dokumenten weiß, die alten und die heutigen chinesischen Schriftzeichen entstanden sind.[5] Es ist bekannt, daß die meisten chinesischen Zeichen einfache Ideogramme sind. Nun wissen wir durch das Pseudo-Alphabet der Maya, wie es Landa zusammengestellt hat[6], daß zumindest das Zeichen Nr. 61 der Maya, das Ideogramm *ha'*, »Wasser« bedeutet; es wurde nebenbei auch für den Buchstaben *h* benutzt. Desgleichen steht bei Landa das Zeichen Nr. 128 zugleich für den Buchstaben *i* und für die Silbe *in*, deren Bedeutung allerdings immer noch unbekannt ist. Es war logischerweise anzunehmen, daß das keine Einzelfälle sind, um so mehr, als die Informanten von Landa in dem Manuskript seiner *Chroniken* drei verschiedene Symbole für *a* und zwei für *b* gesetzt haben – ganz offensichtlich Initialen von verschiedenen Wörtern, denn wozu sonst eine solche Verschwendung? Es war also nicht unbedingt abenteuerlich, in den Maya-Zeichen im wesentlichen Ideogramme zu sehen. Mit der alphabetischen Anwendung, die Landas Informanten angegeben haben, werde ich mich später beschäftigen.

Ich habe mich erst einmal darauf verlegt, die alten chinesischen Zeichen mit den einzigen analogen Maya-Zeichen zu vergleichen, deren Sinn uns annähernd bekannt ist (Nr. 50, 51, 53, 60, 111). Die Übereinstimmung der Formen und Bedeutungen erlaubte dann ein weiteres Vordringen. Meine vergleichenden Studien, bei denen mir der junge Sinologe Wataru Okubo wertvolle Hilfe leistete, waren bald erfolgreich und wurden fortlaufend bestätigt durch das Pseudo-Alphabet von Landa. Sie wurden durch die Erschließung von Zeichen vervollständigt, für die ich noch keine chinesische Entsprechung gefunden habe [7], sowie durch die Feststellung ihrer wahrscheinlichen Funktion in den verschiedenen Kontexten, in denen sie auftauchen. Auf diese Weise konnte ich etwa 200 Zeichen aus dem Maya-Manuskript entziffern, das Codex Perez genannt wird oder »Pariser Codex«; es ist heute in der Bibliothèque nationale zu finden. Eine der aufschlußreichsten Entzifferungen war die des Zeichens *Chilan* (Nr. 143) [8], »Priester-Wahrsager«, eine Gestalt, die bei den alten Maya eine zentrale Rolle spielte, und das verwandte Zeichen für *Chilam-Balam*, »Priester-Wahrsager-Jaguar«. Einige Prophetien des *Chilam-Balam* sind heute in ihrer spanischen Übertragung [9] weltberühmt. Das erste Zeichen hielt man für einen Götterkopf, das zweite für eine Variante des Jaguars. Die meisten entzifferten Zeichen sind rein ideographisch, manchmal haben sie eine Hauptbedeutung und verschiedene abgeleitete Bedeutungen, die, wie im Chinesischen – seien sie konzeptuell oder nicht –, oft gleichzeitig Substantiv, Adjektiv oder Verb sind, je nach der Natur der beiden Sprachen. Ich habe bis jetzt nur sehr wenige abgeleitete Zeichen identifiziert, die im eigentlichen Sinne »phonetisch« waren, so das Possessivsuffix *-ul*, »sein, ihr«, das mittels des Zeichens *ul*, »Schnecke«, geschrieben wurde. [10] Es blieben die Gruppen von Zeichen, die offenbar ein Ganzes bilden oder die ineinandergelegten Zeichen, die »Infixe«. Bekanntlich werden viele chinesische Begriffe, vor allem die abstrakten, mit komplexen Zeichen geschrieben, oder zwei oder mehrere Zeichen werden miteinander kombiniert, wobei dann eins der Einzelelemente als das »Radikal« oder der lexikalische Schlüssel gilt. Diese komplexen Zeichen sind nicht Einzelteile einer phonetischen Einheit, sondern eine Verbindung von Begriffen, die auf

14

den entsprechenden Ausdruck hinweisen: So heißt die Kombination der Zeichen für »Mund« und »Hand« im Chinesischen »schlagen« und »fordern«.

Dank Landa können wir wenigstens die komplexen Zeichen für die vier Haupthimmelsrichtungen lesen. Am Beispiel von einem Zeichen will ich zeigen, daß das System der Maya genau dasselbe ist und daß die Gruppen nicht phonetisch nach ihren einzelnen Elementen gelesen werden dürfen, wie man immer behauptet. »Osten« – maya: *likin* – wird bei den Maya durch das Zeichen »Sonne« (Nr. 51) dargestellt (Nr. 54, 1. Reihe), das unter dem umgekehrten Zeichen »Ahau« (Nr. 114) steht und mit dem Zeichen Nr. 89 verbunden ist, das vermutlich »zerfließen, sich ausbreiten, zerstreuen« heißt. Das umgekehrte Zeichen »Ahau«, in dem ein simpler grammatikalischer Begriff gesehen wurde, stellt die »Herabkunft« der Gottheit dar. Das Ganze besagt, daß die Sonne noch unter dem Zenith erstrahlt.[11] Das führt uns notwendig zu einer Interpretation von Zeichengruppen. Zum Beispiel konnte *ben-ik* nicht mehr wörtlich als »entwichener Atem« gelesen werden, was wenig Bedeutung ergab; meiner Auffassung nach ist es eine bildliche Umschreibung von »Verstorbener« (Mensch, Tier oder Pflanze) (Nr. 186). Zweifellos muß man einige Gruppen, die ich im Augenblick mangels besserer Methode analytisch übertrage, synthetisch lesen, um auf den richtigen Begriff zu kommen – also nicht phonetisch, sondern bildlich. Die Texte enthalten außerdem noch einige mehr oder weniger reine Piktogramme, so etwa C. P. 4, Zeile 4.

Letztlich macht meine Entzifferung fast alle früheren Arbeiten ungültig, abgesehen von der annähernden Erklärung einiger Zeichen, die geschickt abgeleitet oder erahnt wurden. Der russische Gelehrte Y. V. Knorosov kommt der Wahrheit noch am nächsten: Er vermutet, daß die Maya-Schrift, ebenso wie das Chinesische, ein zugleich ideographisches, phonetisches und piktographisches Mischsystem übernommen hat. Durch meine Entzifferung wird die allgemein vertretene Ansicht zunichte, die Maya-Schriftzeichen zerfielen in Vokabeln, die meist von einer Kartusche umgeben sind, sowie eine Anzahl von Affixen (Präfixe, Suffixe, Superfixe und Subfixe), wobei erstere die Wurzel des Wortes, letztere die Sekundärelemente bezeichneten, mit denen die Sprache so reich ausgestattet ist. Die meisten der Zeichen, die keine Kartusche haben, wurden ganz willkürlich in die zweite Kategorie eingereiht. Wie das Chinesische gibt die Maya-Schrift jedoch im Prinzip nur die Wurzeln an, zumindest in den Codices. Vielleicht deutet das auf einen älteren Zustand der Maya-Sprache, die dann durch den Einfluß anderer indo-amerikanischer Idiome bereichert wurde, oder auf die Übernahme eines beiden Sprachgruppen gemeinsamen Zeichensystems. Die Präpositionen oder Postpositionen sind nicht immer angegeben; am häufigsten erscheint *ti'*, »in«.

Das soll übrigens nicht heißen, daß die Gelehrten, die ein ganz oder teilweise phonetisches System angenommen haben, völlig im Irrtum sind. Landa beschreibt, ohne die Zusammenhänge ganz zu verstehen, drei mögliche Schreibarten, bei denen dieselben Schriftzeichen einmal als Ideogramme, ein andermal als Bindesilben oder auch als alphabetische Phoneme benutzt werden, wobei das verwendete Ideogramm mit dem beabsichtigten Klang (Buchstaben) beginnt; und er liefert auch Anwendungsbeispiele dafür, ebenso wie er sie für das gibt, was er für das Maya-Alphabet gehalten hat.

Wenn der spanische Bischof dem alphabetischen Schriftsystem auch weit mehr Platz eingeräumt hat, da es seiner Vorstellung von einer Schrift besser entsprach, so hat er doch die beiden anderen Systeme nicht ganz unberücksichtigt gelassen. Ich neige zu der Auffassung, daß das ideographische System, abgesehen von den zusammengesetzten Zeichen, wie im Chinesischen das ältere war und daß die priesterlichen Texte ihm immer den Vorzug gaben. Das durchgehend angewandte alphabetische System ist wahrscheinlich jünger und wurde für profane Texte benutzt, wie man es auch im Chinesischen zur Schreibung von fremden Namen oder Fremdwörtern benutzt hat.

Die wenigen Textbeispiele, die uns Landa hinterlassen hat, beweisen zur Genüge, daß alle Zeichen für die beweglichen Feste, für Zahlen und für den Kalender in der Schrift selbst eine ganz andere Bedeutung haben, so wie etwa unser großes L in Zahlen 50 bedeutet.[12] Die Lesarten, die aus der mathematischen oder kalendermäßigen Bedeutung der Zeichen erschlossen wurden, müssen also sehr oft fallengelassen werden. So muß das Zeichen in Form eines Kammes (Nr. 162), das im Zusammenhang mit der Kalenderrechnung »zählen« gelesen wird, meiner Ansicht nach mit Bezug auf das Chinesische »Opfer, opfern« lauten, und die Zahl 0 (oder »Vollendung«) (Nr. 201) muß »der zornige oder verlassene Tote« heißen.

Die Entzifferung des Pariser Codex enthüllt uns ein ganzes Ritual, das hauptsächlich dazu diente, den Verstorbenen von der Zeit des Sterbens an durch die Verwandlungen der »Seele« bis zur Reinkarnation im Leib einer schwangeren Frau zu begleiten und ihr beizustehen. Diesem Glauben an eine zyklische Wiederkehr der Toten haben die Forscher sehr wenig Aufmerksamkeit gewidmet, es gibt nur einige seltene und kurze Anspielungen darauf.[13] Aus meiner Entzifferung ergibt sich jedoch, daß diese Vorstellung der Angelpunkt des Denkens der Maya ist; um ihn kreist das Trachten dieses Volkes, für das das Universum auf der Wechselbeziehung zwischen Lebenden und Toten aufgebaut ist; ohne Reinkarnation ist der Kosmos dem Untergang geweiht. Nicht weniger ausschlaggebend – aber im Pariser Manuskript weniger betont als in den beiden anderen – ist die Beziehung zwischen den »Seelen« der Toten und die zyklische Wiederbelebung der Natur, der Pflanzen, vor allem der Nahrungspflanze Mais: Die Verstorbenen, die man um Hilfe anfleht, sind es, welche den Pflanzen zur »Wiedergeburt« verhalfen. Der *Chilan* oder *Chilam* ist das eigentliche und mächtige Bindeglied zwischen der Welt der Lebenden und der Welt der »Toten«.

Menschenopferdarstellung aus der nachklassischen Zeit.

Das Dresdner Manuskript und das Manuskript von Madrid, die ebenfalls den Autodafés der Missionare entgangen sind, beschäftigen sich fast ausschließlich mit der Wiedergeburt in der Pflanzenwelt. Das Dresdner Manuskript scheint sich durch ein Detail auszuzeichnen, das auf den ersten Blick sekundär erscheint, das aber mehr als der Pariser Codex die Verbindung mit einer anderen, von den Tolteken und später den Azteken beeinflußten religiösen Tradition (die der vielfachen Menschenopfer) herstellen könnte; es waren dies Völker, die die Maya vom 10. Jahrhundert an unterjochten. Der Pariser Text scheint aus drei, zumindest aber zwei grundverschiedenen Büchern zusammengesetzt. Seiten 1–12 stammen meiner Ansicht nach aus der ältesten Tradition: Es gibt hier nicht die geringste Anspielung auf Menschenopfer. Seiten 15–18 scheinen einem anderen Buch entnommen zu sein. Seiten 15 und 16 sprechen von Menschenopfern als einem Hilfsmittel zum Schutz des Landes, wenn ich die verdorbenen Stellen richtig auslege. Das Dresdner Manuskript verherrlicht offensichtlich dieselben Opfer, die das Wachstum der Pflanzen sicherstellen sollen. So läge im Kern des Pariser Codex (S. 2–11) die reine religiöse Maya-Tradition vor.[14]

Es gibt keinen Hinweis auf das Entstehungsdatum des Pariser Codex. Der ganz besonders sorgfältige Schrifttypus scheint älter zu sein als der des Dresdner Codex. T. S. Barthel[15] sieht berechtigterweise in letzterem eine Mischung der alten und der späteren Tradition (9. Jahrhundert). Jedoch leitet im Pariser Codex die Zeichnung von einer Art spanischer Karavelle auf hoher See den zweiten Teil des Buches ein (Blatt 15). Ich neige deshalb zu der Ansicht, daß dieses Manuskript nach oder zur Zeit der Kolonisation im Jahre 1520 angefertigt wurde, aber zu einem großen Teil die neue Ausgabe eines sehr alten Textes darstellt.

Wie erklärt sich nun die Ähnlichkeit der chinesischen Schrift und der Maya-Schrift? Von ethnographischen Problemen abgesehen, die nicht in mein Fachgebiet fallen[16], findet die Verwandtschaft des Idioms der Maya mit dem der Chinesen für mich nur in einer ethnischen Verwandtschaft oder einem langen Zusammenleben der beiden Völker eine Erklärung. Das läßt den Gedanken aufkommen, daß die Maya bereits sehr früh den Pazifischen Ozean überquert und den amerikanischen Kontinent auf der Höhe von San Salvador erreicht haben. Die kürzlichen Entdekkungen von großen und hochentwickelten Maya-Siedlungen in den Gebirgsgegenden von Guatemala, die nahe an der pazifischen Küste und weit entfernt vom Flachland von Guatemala liegen, scheinen dies ebenfalls zu beweisen; diese haben die Maya-Stämme wohl erst später, unter dem Druck der Ereignisse verlassen.[17]

Die Schriftzeichen der Maya weisen nun allerdings nur mit jenen chinesischen Hieroglyphen Ähnlichkeiten auf, die wir aus bereits entwickelten Zeichen zusammenfügen können; diese gehen ungefähr auf das Jahr 2000 v. Chr. zurück und wurden bis etwa zum Jahre 1000 v. Chr. beibehalten. Zwischen den beiden Weltkriegen wurden in Nordchina[18] eine Menge Schildkrötenpanzerstücke und Knochen mit alten Inschriften von Fragen an Wahrsager und ihren Antworten ausgegraben. Der Schildkrötenpanzer wurde durchlöchert und dem Feuer ausgesetzt, die Verläßlichkeit des aus den entstehenden Sprüngen gelesenen Orakels sicherte das Prestige des Wahrsagers, der oft der König selbst war. Aus dem Zustand dieser alten Schrift läßt sich schließen, daß sie von der reinen Hieroglyphenschrift durch eine formative Periode von 500 bis 1000 Jahren getrennt ist; sie liegt noch nahe an der Zeichnung im eigentlichen Sinne und ist weit entfernt vom später daraus entstandenen abstrakten Zeichen. Von der rein hieroglyphischen Schrift ist noch keine Spur entdeckt worden. Man kann also annehmen, daß diese auf ein nichthaltbares Material aufgetragen wurde; jedenfalls diente sie aber wohl ebenfalls rein religiösen Zwecken. Nach der Ähnlichkeit mit dem Chinesischen läßt sich die Maya-Schrift auf den Zeitraum zwischen 2500 und 3000 v. Chr. zurückdatieren. Wir besitzen allerdings von den Maya keinerlei gesichertes Dokument aus einer früheren Zeit als der der Gräber von Palenque, wo sich plötzlich eine offenbar seit langem voll ausgeformte Schrift[19] entfaltet. Ihre außerordentliche Unveränderlichkeit – 1400 Jahre, über die sich die archäologische Forschung ausdehnt – läßt auf ein beachtliches Alter schließen. Dem Wesen nach heilig – bis zur Kolonisation war der Hohepriester der Hüter der Schrift –, sollte sie geheim bleiben und wurde wohl auf leicht verderbliches Material aufgetragen.

Wie bereits erwähnt lehnen die Amerikanisten im allgemeinen einen Zusammenhang zwischen indo-amerikanischen und asiatischen Kulturen und Völkergruppen ab.[20] Noch vor kurzem war man der Auffassung, daß die Wiege aller mittelamerikanischen Kulturen, auch der Maya-Kultur, in der Olmeken-Zivilisation von La Venta gesucht werden müsse. Inzwischen ist dieses unantastbare Dogma jedoch gefallen[21], und seit 1976 ist die Wurzel jener Kulturen wieder ein ungelöstes Rätsel. Ich möchte jedoch die Dinge nicht vereinfachen und in das andere Extrem verfallen, all diese Kulturen auf die Maya und ihre asiatischen Ursprünge zurückzuführen. Ich will auch nicht die bevorzugte These der Amerikanisten, die mit etwas übertriebener Vorsicht jeden äußeren Einfluß auf den Kontinent leugnen, ganz aus dem Feld schlagen. Die Beziehungen zwischen den Kulturen, dem Umlauf der Ideen und ihre Wandlungen sind unendlich komplex. Die Indianer, deren ethnologische Ursprünge noch unerforscht sind[22], waren nicht weniger erfinderisch als andere Rassen, sie haben eine ganz eigene Lebensart entwickelt, aus der die Maya reichlich geschöpft haben. Aber man sollte dem Erbe vom anderen Ufer des Pazifischen Ozeans mehr Interesse entgegenbringen und sich auch mit den Versuchen von Heine-Geldern[23] auseinandersetzen, die beiden Kontinente in Beziehung zueinander zu bringen, auch wenn seine Thesen vielleicht zu weit gehen und oft zu ungenau und abenteuerlich sind.

Die Hauptaspekte der Metaphysik der Maya decken sich ziemlich weitgehend mit der alten chinesischen Tradition, wie wir noch sehen werden. Ebenso verhält es sich mit dem Ahnenkult, dem Glauben an die zyklische Wiedergeburt des Menschen und der engen Beziehung zwischen der Fruchtbarkeit der Menschen und der Nährpflanzen. Alle diese Vorstellungen, mit denen die Maya gelebt haben und zum Teil immer noch leben, sind den anderen amerikanischen Völkergruppen fremd, sie sind also nicht in diesem Umkreis entstanden. Es wird sich sogar herausstellen, daß diese Philosophie sich in mancher Beziehung bis zu einem Punkt entwickelte, zu dem die Chinesen erst viel später, im 1. Jahrhundert n. Chr., durch die Begegnung mit dem Buddhismus gelangten. Also auch durch eine anfängliche Einwanderung der Maya-Stämme lassen sich die Unterschiede zu den anderen amerikanischen Völkern nicht ganz erklären. Es können und müssen noch viel komplexere Hypothesen formuliert werden. Am Ende dieses Buches werde ich einige Vorschläge machen.

Wichtig ist jedoch für uns, durch die Entzifferung des Pariser Codex einen ganz neuen, direkten und lebendigen Blick auf das religiöse Denken der Maya gewonnen zu haben, endlich einen Zugang gefunden zu haben zu einer versunkenen Welt, die von einer Handvoll macht- und geldgieriger Söldner durch Völkermord, Sklaverei und Piraterie im Handumdrehen auf schrecklichste Weise zerstört worden ist, unterstützt durch die Intoleranz des damaligen religiösen Fanatismus.[24] Wir können hier religiöse Vorstellungen entdecken, die – ganz gleich, ob sie uns hochentwickelt oder bizarr erscheinen – ein großes Volk über Jahrtausende getragen haben. Sie sind ein Nachhall sozialer und moralischer Errungenschaften, die zur Zeit der Kolonisation allerdings schon in vollem Niedergang waren.

Ich habe dem Versuch einer wörtlichen Übersetzung des Pariser Codex einen langen Kommentar vorausgeschickt. Ein Ritual ist keine metaphysische Abhandlung. Die Verfasser des Textes haben offensichtlich kein Bedürfnis verspürt, sich über die Inhalte der Zeichen Gedanken zu machen, die ihnen vertraut und den Priestern oder Eingeweihten vorbehalten und bekannt waren. Sie hatten lediglich die Aufgabe, die geistigen Vorschriften und die mystischen und magischen Techniken festzuhalten. Uns beschäftigt hier weniger das Ritual selbst als die Vorstellungen vom Leben jenseits des Grabes und von der Entwicklung des Seelenlebens zwischen zwei Inkarnationen.

Das Pariser Manuskript stellt, wie schon erwähnt, wahrscheinlich nicht ein einziges Buch dar. Es besteht aus drei Teilen, von denen zweifellos keiner vollständig ist. Die Blätter, die heute von 2 bis 11 (das erste ist vollständig verdorben) numeriert werden, enthalten das religiöse Buch, dessen Inhalt ich eben schon angedeutet habe. Die Seiten 12 bis 14 sind verdorben. Die Seiten 15 bis 18 beschreiben die vier Jahreszeiten vom Erwachen der Pflanzenwelt (Frühjahr) an bis zum »großen Schlaf« der Natur (Winter). Die Seiten 19 bis 24 schließlich sind teilweise bebilderte Kalenderseiten (*Tzolkin*) mit eingestreuten rituellen und religiösen Regeln.

In den beiden ersten Teilen haben die Seiten immer einen Streifen von Zeichnungen oben und in der Mitte, manchmal auch noch unten. Im ersten Teil stellt die Zeichnung in der Mitte einen Dialog dar, im allgemeinen zwischen einer Gottheit auf der linken und einem Priester auf der rechten Seite, manchmal zwischen mythischen Tiergottheiten. Der Text enthält Anspielungen auf die darunterliegende Bebilderung (im Dresdner und Madrider Codex ist die Verbindung noch viel enger). Entlang des linken Randes, meist ausgehend vom unteren Ende der oberen Zeichnung, steht bis zum unteren Ende der Seite eine Art Zusammenfassung von Ritualhandlungen. Im zweiten Teil fehlt – wie in C. Dr. und C. M. – dieser Rand, die Texte sind in drei Spalten aufgeteilt, voneinander durch Zahlenreihen getrennt, deren Sinn noch nicht eruiert werden konnte.[25] Zu jeder Spalte gehört auch ein Bild.

Die »Codices« genannten Maya-Bücher sehen oder sahen ein wenig aus wie die mittelalterlichen, mit Bildern verzierten Handschriften vor Gutenberg. Landa berichtet, sie seien »auf ein großes, doppelt gefaltetes Blatt geschrieben gewesen, das dann zwischen zwei sorgfältig verzierte Bretter gelegt wurde; sie schrieben von beiden Seiten ausgehend in Spalten, in der durch die Falten vorgegebenen Anordnung. Das Papier machten sie aus den Wurzeln eines Baumes und strichen es weiß an, so konnten sie sehr gut darauf schreiben.« Mit der für ihn charakteristischen Ungenauigkeit und Widersprüchlichkeit fügt er hinzu, daß diese Bücher *Analté* oder »Holzbuch« genannt wurden, da das Papier aus Baumrinde angefertigt war. Da man mit diesen Schriften sorgfältig umging, überdauerten sie einen langen Zeitraum. Erst durch die Unachtsamkeit der Archivare des letzten Jahrhunderts wurden die Manuskripte in den schlechten Zustand versetzt, in dem sie sich heute befinden.[26]

Anmerkungen

1 Siehe hierzu vor allem die Arbeiten des Amerikaners Eric Thompson, dem wir eine vollständige Liste der in Stein gemeißelten Zeichen verdanken (*A catalog of Maya hieroglyphs*, 1962). Nicht weniger wertvoll ist die Liste der Zeichen in den Codices, die Günter Zimmermann aufgestellt hat, in *Die Hieroglyphen der Maya-Handschriften*, 1956. Zur Interpretation werde ich u. a. aus den Arbeiten des russischen Autors Y. V. Knorosov, des deutschen T. S. Barthel und des österreichischen F. Anders zitieren.

2 *Diccionario de elementos del maya yacateco colonial*, Unam, Mexiko 1970.

24

3 Die Philologen sprechen von einer Familie sino-tibetischer Sprachen. Richtiger wäre nun maya-sino-tibetisch. Syntax und Lexikographie zeigen einen engeren Zusammenhang zwischen dem Chinesischen und der Maya-Sprache als zwischen dem Tibetischen und dem Chinesischen. Vom Phonetischen her steht jedoch die Maya-Sprache dem Tibetischen ziemlich nahe, so in bezug auf die aspirierten und nicht-aspirierten Phoneme, namentlich *p* und *t*.

4 Siehe Kapitel 11.

5 Als Beispiel in Kapitel 13 der heutige chinesische Buchstabe für das Zeichen »Ohr« (Nr. 21) neben der alten, noch ziemlich realistischen Zeichnung mit derselben Bedeutung. Siehe auch andere Bildzeichnungen in dem Zeichen »Grabform« (unter Nr. 99).

6 Diego de Landa, *Relacion de las cosas de Yucatan*, 1566, hrsg. und ins Französische übersetzt von Brasseur de Bourbourg, Paris, 1864.

7 Von den 3000 archaischen chinesischen Schriftzeichen ist nur die Hälfte entziffert. Sie wurden klassifiziert und kommentiert von Shizuka Shirakawa (*Kanji no sekai*, 2 Bde., Tokyo, 1976) und von Hiroshi Kobayashi (*Kodai kanji i hen*, Tokyo, 1977). Im übrigen besteht kein Zweifel, daß das aus Asien eingeführte Schriftsystem von den Maya in Amerika entwickelt wurde; es gibt Bezeichnungen für Gegenstände, Tiere oder Pflanzen, die auf dem asiatischen Kontinent unbekannt sind, etwa die für Baumwolle (Nr. 94).

8 Diese Numerierung bezieht sich auf Kapitel 12. Gewöhnlich werden die Zeichen nach der von E. Thompson (a. a. O.) vorgeschlagenen Klassifizierung benannt. Da diese Klassifizierung aber auf der Unterscheidung von Affixen und grundlegenden Zeichen beruht und daher nicht mehr gerechtfertigt ist, gebrauche ich eine vorläufige Klassifizierung, die aus den Vergleichen mit der chinesischen Hieroglyphenschrift hervorgeht und wie diese auf einem »Radikal«- oder Grundzeichen-System beruht, das eine Familie von Zeichen mit verwandten Bedeutungen charakterisiert. Die einzelnen Codices werden im weiteren so abgekürzt: Pariser Codex: C. P., Dresdner Codex: C. Dr., Madrider Codex: C. M.
Im allgemeinen gebe ich der Aussprache »Chilan« den Vorzug (nicht »Chilam«, außer bei »Chilam-Balam«), da Landa diese von seinen

Informanten gehört hat, die als Angehörige der Oberschicht entschiedene Puristen waren.

9 V. a. der *Chilam-Balam de Chumayel*. Siehe die Fragmente des *Chilam-Balam de Tizimin et Mani*.

10 Mit Bezug auf das Pseudo-Alphabet von Landa, das das Zeichen Nr. 22 »u« umschreibt, glaubt man es als possessives oder pronominales *u* lesen zu müssen. In bezug zum Chinesischen bedeutet dieses Zeichen meines Erachtens, wenigstens in den meisten Fällen, *ub* oder *uy*, »hören«.

11 Im Chinesischen wurde das Zeichen »Osten« später so interpretiert, daß es die Sonne im Baum zeigt; die archaischen Schreibweisen könnten beweisen, daß der Ausdruck anfangs mit einem Homophon geschrieben wurde, das einen Sack vorstellt. Ebenso verhält es sich anscheinend mit dem Zeichen für »Westen«.
Interessant ist die Gegenüberstellung der chinesischen und der Maya-Zeichen für Norden und Süden. Das Zeichen für Norden zeigt in der archaischen chinesischen Schreibweise zwei Männer, die sich voneinander abwenden, also sich trennen. Die Szene wurde so interpretiert, daß sich die Menschen vor der Strenge des Winters – der in China mit dem Norden verbunden wird, woher der Frost kommt – in ihr Haus zurückziehen. Nun wissen wir aber, daß der Winter im alten China die Zeit der religiösen und gesellschaftlichen Feste und Zeremonien war, in der sich die Kontakte der Menschen mit den Göttern stärkten und intensivierten. Das Maya-Zeichen für Norden (*chaman*) (Nr. 54, 1. Reihe) setzt sich aus dem Kopf des *Chilam* (Nr. 143) und aus einem Zeichen zusammen (Nr. 22), dem ebenfalls nur eine grammatikalische Funktion zugestanden wurde und das ich »hören« lese. So heißt die Gruppe »Norden« wörtlich »der *Chilam* hört«, und er hört sicher die Götter. Wir finden also auch hier die Erneuerung des Bandes zwischen den Göttern und den Menschen.
Der Süden (maya: *nohol*) schließlich wird bei den Maya durch ein Zeichen dargestellt, das in der Kalendersprache *yax* (sprich: jasch) (Nr. 121) heißt und mit Bezug auf das Chinesische das Haus darstellt, in dem die Götter verehrt werden, also den Tempel. Über ihm ist ein Zeichen, das halbwegs konkret zwei zusammengebundene Federn oder Flügel darstellt (Nr. 42). Das chinesische Zeichen »zwei

Federn« bedeutete ursprünglich ein magisches Instrument, das dazu diente, das Böse abzuwenden, und, in Verbindung mit einem anderen Zeichen, die Seele des Toten zu erwecken. Die Zeichengruppe im Maya-Text wird zu beiden Seiten des Zeichens »Tempel« durch eine Girlande von kleinen halbkreisförmigen u (Nr. 158) ergänzt, die mit Bezug auf das Chinesische »Ritus« bedeuten. Die wichtigsten Agrarriten auf freiem Feld spielen sich im Sommer ab, der mit dem Süden in Zusammenhang gebracht wird. Das archaische chinesische Zeichen wird im allgemeinen so gedeutet, daß es eine Trommel mit einem kleinen Baum oder Zweigen darüber darstellt. Zur frühen Zeit wurde Musik im wesentlichen religiös und rituell verwendet. Heute noch wird mit der Trommel die Opfergabe angekündigt, mit der der Segen der Götter erfleht wird. Durch den Baum oder den Zweig wird die Ritualszene auf das freie Feld verlegt.

12 Zudem hatten die Maya eine sogenannte »arabische« und eine sogenannte »römische« Schreibart für Zahlen.

13 Landa spricht indirekt davon, ohne zu verstehen, worum es geht. Redfield (*Chan Kom*, Washington 1934) hat um 1934 die Religion der Bevölkerung eines Maya-Dorfes erforscht und vermerkt: »Nach einer langen Zeitspanne kommen alle Seelen als Reinkarnation in Neugeborenen wieder auf die Erde zurück.«

14 Die Dresdner und Madrider Texte wären besser parallel zu dem vorliegenden Text übersetzt und veröffentlicht worden, aber es ging mir hier hauptsächlich darum, den neuen Schlüssel zur Dechiffrierung erst einmal zu veröffentlichen, vor allem auch, damit er sich daraufhin verbessern und zur Entzifferung der Steininschriften verwenden läßt. Die Steininschriften zu übersetzen ist ein späteres Vorhaben. Ich halte die in Stein gehauenen Zeichen für ausgeschmückt und dekorativ. Für den Vergleich mit dem Chinesischen sind sie weniger geeignet. Nach Thomas S. Barthels Hypothese »Historisches in den klassischen Mayainschriften«, in: *Zeitschrift für Ethnologie*, Nr. 93, S. 119 ff., Braunschweig 1968, enthalten sie viele historische Elemente.

15 Th. S. Barthel, Studien zur Entzifferung astronomischer, augurischer und kalendarischer Kapitel in der Dresdner Maya-Handschrift.

16 Erwähnt sei hier lediglich der »mongolische Fleck«, ein dunkler Fleck auf dem Rücken, der kurz nach der Geburt auftritt und einige Jahre später wieder verschwindet; er ist den Maya und den Chinesen wie allen Mongoloiden gemeinsam.

17 Zwischen 1975 und 1977 haben die amerikanischen Gelehrten John Graham und Robert Heizer von der Universität von Berkeley in Kalifornien viele Bauwerke der Maya ausgegraben, die der Pazifikküste von Guatemala sehr viel näher lagen als alle bis dahin bekannten Siedlungen. Die etwa fünfzig Bauwerke und Stelen gehören zu einer Tempelstadt und befinden sich in einer Gebirgsgegend, die sich nur etwa 50 Kilometer vom Pazifik entfernt parallel zur Küste erstreckt; es handelt sich um die sogenannten »Ruinen von Abaj Takalik« in der Nähe der Pflanzungen von Rotalhuleu. Es sind dies durchaus nicht Zeugnisse einer primitiveren Stufe der Maya-Kultur, nach Meinung der Forscher können sie mit den am höchsten entwickelten Städten im Flachland von Guatemala und Yucatan jenseits des fast 500 Kilometer breiten Vulkangebirges verglichen werden. Eine Stele ist mit Schriftzeichen bedeckt und trägt das Datum vom 3. Juni 126 (übertragen), ein Datum also, das 166 Jahre früher liegt als die ältesten mit Sicherheit datierten Maya-Monumente, früher auch als die Monumente aus der sogenannten Olmeken-Zivilisation von La Venta, in der die Wiege der ganzen mittelamerikanischen Kultur einschließlich der der Maya vermutet wurde. Hier sei noch angemerkt, daß die ältesten Töpferei-Fragmente der Maya nach der Radiokarbon-Methode ungefähr auf das Jahr 1000 v. Chr. datiert wurden. Man fand sie im Norden des Tieflands von Guatemala; ihr Herkunftsort ist unbekannt.
Etwa zur gleichen Zeit, zwischen 1974 und 1976, hat ein Kunsthistoriker, der Japaner Takahisa Sugiura, zahlreiche Basreliefs oder Steine untersucht, von denen er annimmt, daß sie von den Maya stammen. Sie stehen in den Vorgebirgen und im Tiefland zwischen der Küste von Salvador und der Grenze von Guatemala, im Gebiet des Uiha-Sees. Die Veröffentlichung seiner etwa 7000 Fotografien über diese Funde bleibt abzuwarten, ehe man etwas über ihre Herkunft sagen kann. (*Yomiuri*, 25. Mai 1976.)

18 Im Nordwesten von An-yang (Honan), der ersten Hauptstadt der Shang-Dynastie (ca. 1500–1000 v. Chr.), in Chiao-tun, der letzten Hauptstadt der Dynastie, an einer Mündung des Gelben Flusses, in der Wiege der chinesischen Zivilisation.

19 Michel D. Coe (»Early steps in the evolution of Maya writing«, in: *Origins of religious art and iconography in preclassic Meso-america*, hrsg. Nicholson, U. C. L. A., Los Angeles 1976) versucht, aus einigen Inschriften, die zum größten Teil nicht von den Maya stammen, einen alten Stand der Schrift herzuleiten, der mir wenig einleuchtend erscheint. Der Autor meint, die Entstehungszeit bis gegen das Jahr 1500 v. Chr. zurückdatieren zu müssen.

20 Ein Hauptargument ist die Unterschiedlichkeit der Kalenderrechnungen. Der Maya-Kalender ist auf dem Vigesimalsystem aufgebaut und hat einerseits – wie der sehr ähnliche aztekische Kalender – ein religiöses Jahr (*tzolkin*) von 260 Tagen, d. h. 13 Zeitabschnitte von 20 Tagen, und andererseits ein ziviles oder Ackerbaujahr von 365 Tagen, d. h. 360 Tage in 18 Zeitabschnitten von 20 Tagen mit 5 ergänzenden Tagen, die nicht angegeben werden; ausgleichende Zeitabschnitte vervollständigen den Sonnenzyklus. Bereits J. Eric Thompson hat die wahrscheinlich richtige Hypothese aufgestellt, daß sowohl die Maya als auch die Azteken diese zweifache Rechnung von einer früheren mittelamerikanischen Zivilisation nach deren historischem Untergang entlehnt haben.
Ähnlich hatten auch die Chinesen eine zweifache Rechnung: ein religiöses Jahr, allerdings von 360 Tagen, d. h. 12 Monate von 30 Tagen, und ein ziviles Jahr von 366 Tagen mit fortlaufenden verschiedenen Korrekturen, u. a. einem dreizehnten Monat. Trotz dieser nicht zu übersehenden Analogie von zwei Zählungen ist die Unterschiedlichkeit der chinesischen und der Maya-Zeitrechnung unleugbar; es läßt sich lediglich feststellen, daß die Vigesimalrechnung bei den Ainu in Japan und bei verschiedenen sibirischen Völkerschaften zu ihrer Hochblüte üblich war.
Der Maya-Kalender hat nun aber ganz spezifische Eigenheiten, die in Amerika einzigartig sind. Dem *tzolkin* wurde der ziemlich komplizierte Ablauf der katunischen »Träger« aufgesetzt. Das Ende jedes Zyklus von 20 Jahren (*katun*) war gekennzeichnet durch die Machtübernahme eines weiteren der dreizehn »tragenden« Götter des Jahres: Er herrschte als Despot während der ersten zehn Jahre des *katun* und zusammen mit dem folgenden »Träger« während der zehn weiteren Jahre. Er markierte im Ablauf der Zeit einen Abschnitt mythischer Geschichte, den er ein für allemal durch seine Herrschaft kennzeichnete, ob sie nun gut oder schlecht war; dieser Abschnitt bildete eine ausgesprochene Kalendereinheit.

Im alten China setzten die einzelnen Dynastien jeweils auf ihre Art die Anfangsstunden, -tage und -monate des Kalenders immer wieder neu fest, um ihre Regierungszeit als eine besondere herauszustellen. Es wurde jedoch als »bemerkenswerte Tatsache« betont, daß »der Jahresbeginn immer nur zwischen den Monaten der kalten Jahreszeit schwankt« (Granet, *La Pensée Chinoise*). Die Festsetzung des neuen Kalenders fiel also nicht etwa mit dem Zeitpunkt der Inthronisierung zusammen. Sie geschah willkürlich. Die Herrschaft konnte erst beginnen, wenn der neue Kalender von höchster Stelle festgesetzt war. Aus der Entzifferung der chinesischen Schriftzeichen, auch und vor allem der Zeichen *yang* und *yin*, geht eindeutig hervor, daß mit der Zeit der soziale und geschichtliche Aspekt der Institutionen und Kalenderrechnungen im Ganzen den ursprünglichen religiösen und mythischen Aspekt ersetzte. Genauer gesagt, die Kaiser erbten alle Machtbefugnisse der Gottheiten, die sie auf Erden verkörperten. Vor Abschluß der Diskussion über den Zusammenhang der asiatischen und amerikanischen Kulturen sollte man sich also erst noch einmal *darüber* Gedanken machen, und nicht über den jährlichen Kalender, dessen ursprüngliche Gestalt bei den alten Maya höchstwahrscheinlich in Vergessenheit geraten war.

21 Michel D. Coe, a. a. O.

22 Georges Dumézil, »Remarques sur les six premiers noms de nombres du turc« (»Zu den ersten sechs Zahlennamen im Türkischen«), in: *Studia Linguistica*, Lund; »Remarques complémentaires sur les six premiers noms de nombres du turc et du quechua« (»Ergänzungen zu den ersten sechs Zahlennamen im Türkischen und im Quechua«), in: *Journal de la Société des Américanistes*, XLIV 1955, etc., hat die Verwandtschaft des Quechua, der Sprache der alten und modernen Peruaner, mit dem Türkischen zu beweisen versucht. Seine Darstellung wurde von den Amerikanisten verworfen; sie sollte von Grund auf neu untersucht werden.

23 R. Heine-Geldern, G. Ekholm: *Significant parallels in the symbolic art of southern Asia and Middle America* (»Auffällige Parallelen in der symbolischen Kunst von Südasien und Mittelamerika«), 29. Amerikanischer Kongreß, New York, 1949. Nichts zu halten dagegen ist von der Schrift von W. D. Lighthall: *The origin of the Maya Civilisation* (»Der Ursprung der Maya-Zivilisation«), in: Transactions of

Royal Society Canada, III. Serie, Section II, Bd. 27, in der er von angeblichen Übereinstimmungen zwischen den Maya und den Chinesen spricht (Erblichkeit in der Priesterkaste, die gefiederte Schlange, Hieroglyphen in einem Quadratfeld). Es bleibt ihm indessen das Verdienst, eine Verwandtschaft angenommen und die Aufmerksamkeit auf einen Seeweg zwischen Asien und Amerika gelenkt zu haben. Er macht allerdings hier wie an anderer Stelle den Fehler, dem japanischen »kuro siwo« (genauer kuro shio) diese Verbindung zuzuschreiben, welche viel weiter im Süden der Äquatorstrom herstellt. Dieser führt von den Ufern von Singapur direkt zu denen von Peru, wo er sich teilt, um im Norden die Küsten Zentralamerikas, Mexikos und Kaliforniens zu berühren, im Süden die ganze Pazifikküste von Südamerika. Der kuro shio, der von Taiwan (Formosa) her an der japanischen Pazifikküste vorüberzieht, verliert sich dann schnell in Richtung West-Nordwest. Es ist nicht ausgeschlossen, daß der Äquatorstrom, der die Portugiesen aus Asien nach Mexiko brachte, auch die Auswanderung der Maya begünstigt hat.

24 Bischof Landa spricht von »grausamen Verfolgungen, die eine erhebliche Verminderung der Bevölkerung (von Yucatan) zur Folge hatten«, und er übertreibt ganz gewiß nicht; die Ereignisse haben sich fast unter seinen Augen abgespielt. Zum Teil sucht er sie als Antwort auf im übrigen sehr wahrscheinliche Aufstände zu rechtfertigen. Die bevölkerungsreichste und blühendste Provinz wurde dabei zur ärmsten und ödesten. »Einige der höchsten Anführer der Provinz Cupul wurden bei lebendigem Leib verbrannt, andere aufgehängt.« Überhaupt hätten die Spanier »unerhörte Grausamkeiten begangen, Hände, Arme und Beine oder den Frauen die Brüste abgeschnitten, sie mit Kürbissen an den Füßen in tiefe Lagunen geworfen, kleine Kinder mit Stöcken geschlagen, weil sie nicht so schnell laufen konnten wie ihre Mütter«. Er preist die Tugendhaftigkeit des Volkes, vor allem der Frauen, und berichtet vom Martyrium einer Maya-Ehefrau, die von einem spanischen Potentaten niederen Ranges begehrt wurde; nachdem sie die ganze Nacht Widerstand geleistet hatte, warf dieser sie am nächsten Morgen seinen Hunden zum Fraß vor (Landa, a. a. O.).

25 William E. Gates (»Commentary upon the maya-tzental Perez Codex«, in: Papers of the Peabody Museum of American Archaeology and Ethnology, Harvard University, Bd. VI, 1, Cambridge 1910)

schreibt den ersten Teil, was auch einigermaßen wahrscheinlich ist, einer klassischen Epoche der Maya-Chronologie zu (was unsere Paginierung bestätigen könnte), konnte aber keine plausible Interpretation der Zahlenreihen der Blätter 15 – 18 vorlegen.

26 Die Forscher haben Zeichentypen eingeführt, die die einzelnen Maya-Zeichen vorstellen sollten. Sie orientierten sich aber an den gebräuchlichsten graphischen Darstellungen und entsprechen nicht immer dem Sinn und der Verwendung der Zeichen, also auch der Form, die, wenn sie auch weniger gebräuchlich ist, ihrer Etymologie doch nähersteht. So verhält es sich vor allem mit dem bekannten Zeichen für »Gott« (Nr. 111), dessen wirkliche Zeichnung kein Andreaskreuz ist, und mit dem Zeichen, für das ich »orientieren« vorschlage (Nr. 86) und dessen Standardausführung die ganz verschieden gezeichneten und sehr bedeutungsvollen beiden dicken Striche ausläßt, die auf das Objekt und das Subjekt hinweisen.

2.
ZWISCHEN TOD UND WIEDERGEBURT

Die Vorstellung der Azteken vom Schicksal des Menschen nach dem Tode war zu dem Zeitpunkt, als die Spanier in ihr Land kamen, sehr komplex. Die überwiegende Zahl der Toten stieg in den *Mictlan* hinab, einen finsteren Ort voller Schrecken, Fallen und Qualen. Bestenfalls blieben die Toten auf der Erde und verwandelten sich dort in Wiesel, Stinktiere oder Mistkäfer. Als betont kriegerisches Volk gestanden die Azteken dem gefallenen oder vom Feind hingerichteten Krieger jedoch ein bevorzugtes Schicksal zu, ebenso wie dem König, der aus dem Kreis der Krieger hervorging, dem Kaufmann, da er auf seinen langen Reisen durch oft feindliches Gebiet den Mut eines Kriegers beweisen mußte, und auch den Frauen, die bei der Geburt gestorben waren, da sie als Krieger und als Opfer ihrer Pflicht betrachtet wurden. Diese alle gingen in die himmlischen Regionen ein und begleiteten nun die Sonne, den Gott des Krieges: die bevorzugten Männer von Sonnenaufgang bis Mittag und die Wöchnerinnen von Mittag bis Abend. Hatten die toten Soldaten ihren Dienst versehen, so kamen sie in Gestalt von Schmetterlingen oder Kolibris wieder auf die Erde zurück. Die privilegierten Frauen verwandelten sich in gefürchtete Geister und gingen auf der Erde um. Ein eigenes Los war den Ertrunkenen und vom Blitz Erschlagenen vorbehalten. Da sie durch die Regengötter umgekommen waren, kamen sie, wie die Aussätzigen, in das Königreich der Götter auf den oft umwölkten Gipfeln der hohen Berge.

Ein ähnlich düsteres Bild wurde den Spaniern von den

Maya der Dekadenz-Epoche gezeichnet. Die weitaus größte Zahl der Toten versank im *Mitnal* – die Maya-Version des aztekischen *mictlan* –, dessen Schrecken im *Popol Vuh*[1], dem Epos der Quiché-Maya, die sich fast vollständig den Azteken angeglichen hatten, beredt geschildert werden. Auch hier war den Kriegern, die dem Feind in die Hände gefallen waren, und den bei der Geburt verstorbenen Frauen, statt den Kaufleuten allerdings den Priestern, ein bevorzugtes Los vorbehalten. Sie genossen ewige Freuden unter dem heiligen Baum, dem *ceiba*, der durch die dreizehn himmlischen Sphären emporragte. Und so wie die Azteken die Ertrunkenen und vom Blitz Erschlagenen in eine eigene Kategorie einordneten, kamen bei den späten Maya diejenigen in den Genuß des Paradieses, die sich erhängt hatten.

Ganz sicher ist diese Auffassung eine kaum verhüllte Entlehnung von den Tolteken und den späteren Azteken, die den Maya wie allen unterjochten Völkern Massenmenschenopfer und zahlreiche andere Bräuche aufzwangen. In diesem Bild fehlt der Glaube an die Reinkarnation, die Rückkehr der Toten zu menschlichem Leben, der bei den Maya heute noch lebendig ist, und auf den Landa stieß, ohne ihn zu verstehen.[2]

Der Text des Pariser Codex bietet uns ein ganz anderes Bild vom Schicksal der Toten, das der traditionellen Maya-Mentalität viel eher entspricht. Der Glaube an die Reinkarnation steht im Mittelpunkt, und es besteht ein deutlicher Unterschied zwischen zwei Kategorien von Toten. Die erste, weitaus häufigste, wird als Kopf mit geschlossenen Lidern gezeichnet (Nr. 190); eine horizontale oder halbrunde Linie ist mit kurzen vertikalen Linien versehen, die Wimpern darstellen. Das Auge wurde als »Auge des Todes« angesehen. Aber das »Alphabet« von Landa erwähnt für *k* und *ka* den Gebrauch eines menschlichen

Verschiedene Erscheinungsformen des Todesgottes im Dresdner Codex.

Gesichts mit einem solchen Auge und einer doppelten Zickzacklinie als Mund, das ganz offensichtlich das Gesicht eines Lebenden ist (Nr. 187). Es handelt sich also nicht um den Toten (maya: *cim*), sondern um den Blinden (maya: *cax*, Aussprache ungefähr *kasch*). Die in diesem Manuskript immer wieder auftauchenden Gesichter mit dem blinden Auge haben jedoch einen anderen Mund: Ein oder zwei Zähne schmücken den einzigen Lippenbogen und erinnern an das Skelett mit bloßliegenden Zähnen.

Neben dieser etwas beunruhigenden Zeichnung gibt es eine ganze Reihe von Totenköpfen mit einem anderen »Auge«. Das blinde Auge bezeichnet möglicherweise einen Zustand von Lethargie oder umnachtetem, noch nicht verklärtem Bewußtsein, wie ihn das Bild auf Blatt 8 des Pariser Codex deutlich macht: Ein für die Beerdigung zurechtgemachter Toter erwartet passiv sein Schicksal, während ihm gegenüber eine Gottheit bedächtig einen Affen verspeist. Diese Kategorie von Toten befindet sich immer »in« – so muß man meiner Meinung nach Nr. 80 lesen (Anmerkung) – einem Ort, der durch eine Zeichnung dargestellt wird, die aus der Kalenderreihe von Landa bekannt ist und hier *tun* gelesen wird: In diesem Zusammenhang steht sie für den »Jahresablauf«. Wie bereits erwähnt, findet man langsam heraus, daß alle Zeichen des Kalenders auch eine vulgäre Bedeutung haben. Ich habe das Zeichen *tun* analysiert und festgestellt, daß das auch hier der Fall ist. Der Vergleich mit dem Chinesischen, der Kontext und die Bilder legen die Bedeutung »sublunare Welt« nahe; diese ist der Zeit unterworfen, es ist die Erde und alles, was sie und die auf ihr lebenden Menschen unmittelbar umgibt bis dorthin, wo die »himmlische« Welt beginnt. In der »sublunaren Welt« halten sich also die Toten auf, zumindest für die erste Zeit, denn im Text findet sich mehrfach die Zeichenkombination, die meiner Meinung nach folgendermaßen zu lesen ist: »Die Toten im Zustand der Umnachtung befinden sich in der sublunaren Welt.« Sie müssen nicht ewig dort verharren und umherirren: Durch rituelle Beschwörung wird an ihrer Erleuchtung und ihrer Wiedergeburt gearbeitet.

Der Seinszustand der »Lethargie« beginnt im Augenblick des Hinscheidens, noch vor dem Verfall des Körpers und bereits vor der Beerdigung. Auf dem eben erwähnten Bild sind die Augenlider des Toten in diesem Zustand niedergeschlagen, es zeigt eine Lippe, aber keine Zähne. Der Tote trägt eine Art Kappe (Nr. 188) oder hat keinen oberen Kopfteil und anstelle des Gehirns eine gepunktete Linie (Nr. 189). Aus den Manuskripten im ganzen geht hervor, daß die gepunktete Linie meistens einen geheiligten oder geistigen Zustand anzeigt. Dieser kann auch während der Agonie eintreten. Im Pariser Codex (Blatt 7) gibt es dafür ein gutes Beispiel: Auge, Mund und Schädel des Sterbenden oder vielleicht der noch im toten Körper weilenden Seele sind noch lebendig, und eine gepunktete Linie unmittelbar über dem Auge trennt das Gehirn ab. Dahinter ist der kleinere Kopf des *Chilan* zu sehen, der sich mit ihm durch den Geisteskanal unterhält, der das Gehirn des *Chilan* mit dem des Sterbenden (Nr. 189) verbindet. Ein anderes Mal ist die obere Gesichtshälfte einschließlich der Augenpartie mit einem Zeichen ausgefüllt, das meiner

Meinung nach »wiedergeboren werden«, »Wiedergeburt« gelesen werden muß (siehe Nr. 96) und wahrscheinlich anzeigt, daß der Verstorbene große Sehnsucht nach der Wiedergeburt hat.

Eine andere Kategorie von Toten bewegt sich auf einer ganz anderen Ebene. Hier befindet sich seltsamerweise anstelle eines offenen oder geschlossenen menschlichen Auges ein geometrisches Zeichen (Nr. 199), das ein wenig wie ein flachgedrücktes T aussieht; es findet sich auch im Zeichen für Altar (Nr. 24) und symbolisiert mit Bezug auf das Chinesische »das Wort« (Nr. 23), das heißt eine Dose auf dem Altar, in der nach einem alten chinesischen Ritual das Wort des Bittenden eingeschlossen war, dem der auf die Erde hinabgestiegene Gott dem Gebetsruf entsprechend antwortet. Die Toten mit diesem geistigen »Auge«, die ich mangels eines besseren Ausdrucks vorläufig »geläuterte Tote« nenne, befinden sich ausschließlich im Vorhimmel. Als »Vorhimmel« interpretiere ich ein Zeichen, das genauso auch in den altchinesischen Texten vorkommt und das Schriftzeichen »Oben« sowie das Schriftzeichen »Unten« Rücken an Rücken setzt. Da es zur Zeit keinen genaueren Ausdruck gibt, wird es für das Chinesische »Oben-Unten« gelesen. Ein Beispiel soll eine Vorstellung von der Bedeutung vermitteln: Ein chinesischer General oder ein König fragt den Wahrsager, ob »Oben-Unten« für seinen beabsichtigten Feldzug günstig sei. Die Antwort des Wahrsagers ist in unserem Beispiel negativ. Es geht hier also um Mächte, die sich – im spirituellen Sinn allerdings noch eingegrenzt – zwischen Himmel (Oben) und Erde (Unten) bewegen und die Existenzebenen Oben und Unten gleichzeitig umfassen. Der älteste chinesische Schriftzeichenkommentar aus dem 2. Jahrhundert bestätigt, daß mit diesem doppelten Ort ein einziger gemeint ist.[3]

Das Maya-Zeichen ist eine Einheit und liegt in einer

Kartusche. Das Manuskript sagt also wörtlich: »die geläuterten Toten oben-unten«. An vielen anderen Stellen werden Riten »für die Wiedergeburt oben-unten« erwähnt, und einmal wird auch der Priester aufgefordert, »den Herrn oben-unten zu rufen«. Dies läßt vermuten, daß das Verb »sein« bei den Maya wie im Chinesischen immer stillschweigend mit einbegriffen ist. Also kann man lesen: »die geläuterten Toten sind (im) Oben-Unten«, Riten »für die Wiedergeburt, (die) im Oben-Unten (ist)«, und »den Herrn (der) im Oben-Unten (ist) anrufen«. Durch diese Anrufung wird die geistige Wandlung des Toten herbeigeführt, so daß er im Leib einer Schwangeren wiederkehren kann. Der Einfachheit halber benütze ich vorläufig das Wort »Vorhimmel«, ohne damit eine christliche Vorstellung oder eine räumliche Vorstellung im eigentlichen Sinne zu verbinden. Es geht um eine Existenzebene, die bis zu einem gewissen Grade dem tibetischen *Bardo* vergleichbar ist, »zwischen zwei« inkarnierten Leben, aber bereits im Zustand der Läuterung.

Wie die erste Kategorie hat auch die zweite eine Variante: Der Kopf des Toten wird durch eine erhobene Hand ergänzt. Entsprechend dem Altchinesischen, wo die offene Hand häufig mit verschiedenen Zeichen verbunden ist, um die Vorstellung von Energie, Kraft und Aktivität – vielleicht auch »Lebenskraft« – zu unterstreichen, kann diese Variante vielleicht als »aktiver Toter« oder »handelnder Toter« auf der Suche nach Wiedergeburt verstanden werden.

Im Vorhimmel geht also eine neue Wandlung vor sich, das, was im Text »Wiedergeburt im Vorhimmel« genannt wird. Der Tote verliert seine menschliche Gestalt. Nur das geometrisch gezeichnete Auge bleibt übrig. Durch die Verbindung mit einem kopfartigen Gebilde, das meiner Auffassung nach »Ursprung« bedeutet, entsteht ein neues

Zeichen, das ich hier mit »Seele« übersetze (Nr. 25); diese »Seele« oder »das geistige Herz« wird durch weitere Kultvorgänge in den befruchteten Mutterschoß gebracht.

Neben dem Zustand des »blinden« Toten oder des Toten »in Lethargie« und dem des »geläuterten« Toten kann man noch eine Reihe von Zwischenzuständen entdecken, die Kultvorgängen, göttlichen oder menschlichen Interventionen und Wandlungen entsprechen, von denen noch die Rede sein wird. Auf der untersten Stufe wird der Tote in Lethargie wie der Sterbende am Stirnrand mit einer gepunkteten Linie versehen, um einen gewissen Grad von Bewußtheit zu bezeichnen. Auf einer höheren Entwicklungsstufe hat der Schädel oben eine Öffnung, deren Ränder auseinandergehen wie der Hals einer Vase (Nr. 193 bis 195). Weist dieses Detail darauf hin, daß der Tote in den Himmel aufsteigt, oder erreicht er vielmehr eine immer vollkommenere Vergeistigung?[4] Die hier verwendete Symbolik ist auch heute noch in Yucatan zu finden: Beim Tod eines Familienmitgliedes wird ein Loch in das Dach der Strohhütte gemacht, damit die Seele ungehindert in den Himmel gelangen kann.[5] Im Pariser Manuskript (Blatt 7) ist der Tote auf der Reise abgebildet: Sein Schädel hat ebenfalls eine derartige Öffnung, und er wird durch eine Art Totenführer, den *Lamat*, auf den ich noch zurückkomme, in den Himmel gehoben. In diesem Stadium, wohl dem ersten Stadium der Erleuchtung, ist das Auge auf der rechten Seite durch eine Art Apostroph ergänzt. In einem noch fortgeschritteneren Stadium hat der Tote mit dem offenen Schädel zum Ausdruck der Ehrfurcht ein Auge nach oben gerichtet, und dieses wird von einem Doppelkreuz (*hoka*) durchzogen, das wohl auf einen bestimmten Grad der Erleuchtung oder Heiligung hinweist. Manchmal ist nur noch ein Mund mit vorstehenden Zähnen in einer Kartusche mit einem Hals verbunden.[6] Im letzten Zwischenstadium (Nr. 195) schließlich ist das Auge ganz ausgefüllt mit dem Zeichen für »Gott« – ein weißes Kreuz auf schwarzem Grund –, durchzogen mit dem Doppelkreuz. Auf einer großartigen Piktogramm-Zeichnung im Pariser Codex (Blatt 4) ist zu sehen, wie ein Jaguar-Priester in Trance – es ist wohl kaum ein Gott – inmitten der allgemeinen Fröhlichkeit der Totenwelt den so geheiligten Toten fortträgt, sicher in den Vorhimmel, wo er den völlig geläuterten Zustand und die Wiedergeburt erfahren wird.

Immer wieder erscheint eine allgemeine Bezeichnung für alle Lebewesen (Menschen, Tiere und Pflanzen) zwischen Tod und Reinkarnation. Sie besteht aus zwei horizontal aneinandergelegten Zeichen (Nr. 186). Das erste auf der linken Seite ist aus der Aufzählung der Tage bekannt: *ben*. In der Umgangssprache bedeutet *ben* aber »gehen, weggehen« und gehört zur Bildung von bekannten Wörtern, wie etwa *ben-el-ik*, »im Sterben liegen«, wörtlich: »der Atem entweicht«, oder *ben-el-ol*, »das Bewußtsein verlieren«, wörtlich: »das (geistige) Herz entweicht«. Ich halte das zweite Zeichen für die Zeichnung eines Mundes (Nr. 39), was aus anderen Verwendungen hervorzugehen scheint. Das Ganze müßte also gemäß den im Chinesischen sehr gebräuchlichen Umschreibungen »die toten Lebewesen« heißen.

Der Tote kann aber auch in den genau entgegengesetzten Zustand geraten, in die Verwirrung. Wenn der *Chilan* am Morgen der großen Katastrophe seine Macht verliert, erfahren die Toten, die nun ohne Führung sind, ein schreckliches Schicksal – zumindest nach Auffassung der Lebenden. Während die geläuterten Toten ohne Führer wenigstens den Trost haben, in den Schoß Gottes zurückzukehren, bleiben die Toten in Lethargie in der Finsternis und »opfern der Nacht« (*Akbal*), wie ich übersetzen würde. Sie bleiben ein »Fötus« oder »Larven« (wie ich für das

Zeichen Nr. 106 vorschlage) in Gestalt eines Fisches[7] und mit einem nichtmenschlichen, abstrakten oder unförmigen Kopf, ähnlich dem menschlichen Fötus mit einem Monat. Das Zeichen ist nicht das einzige Zeugnis für genaue Naturbeobachtung; wir werden erstaunlich realistische Piktogramme vom Beischlaf (Nr. 14) oder von der Gebärmutter einer Schwangeren (Nr. 6) finden.

Ein anderes Zeichen, welches oft auch für die Zahl 20 verwendet wird (vielleicht aus phonetischen Gründen), stellt einen zu einem gräßlichen Lächeln verzerrten Mund mit zwei vorstehenden Zähnen dar. Vom restlichen menschlichen Gesicht, von dem die anderen Zeichen von Toten immer noch die Umrisse von Nase, Auge und Gehirn bewahren, bleibt nichts übrig. Ich halte es für ein Bild des »zornigen Toten«, der nicht zur Wiedergeburt geführt wurde und nun die Menschen mit heftigen und verheerenden Stürmen verfolgt. Diesen Glauben kennen wir auch aus historischen spanischen und noch lebendigen Quellen.[8] Er könnte eine andere Verwendung dieses eigentümlichen Zeichens erklären, das auch »geschlossen, abgesperrt« bedeuten kann, also »steril«, ohne mögliche Wiedergeburt. Das Zeichen hat eine gewisse Ähnlichkeit mit dem chinesischen Ideogramm des von den lebenden Menschen gefürchteten »Dämons«, einem Phantom oder Geist ohne Körper, der mit einer durchkreuzten Raute gezeichnet wurde.

Ein besonderes Schicksal haben die toten Kinder, die mit viel Zärtlichkeit behandelt werden. Das Zeichen für Kind (Nr. 4) zeigt einen hübschen Kopf mit einem runden Auge. Manchmal sind auch drei Viertel des Kopfes mit zwei Augen zu sehen, was in der Maya-Schrift sonst nicht vorkommt. Eine senkrechte Linie, die in der Mitte eine zinnenförmige Unterbrechung hat, trennt das Gesicht auf der rechten Seite vom Hinterkopf. Es ist – mit Bezugnahme auf das Chinesische – das Zeichen für »niedrig« oder »klein«. Das tote Kind (Nr. 5) hat ebenfalls den hervorstehenden Zahn und nicht das rührende Lächeln der lebenden Gesichter. Das totgeborene Kind oder der bereits stark ausgebildete Fötus (Nr. 16) ähneln dem normalen Fötus (Nr. 15) und dem sich entwickelnden Kopf. Beide sind nicht im Vorhimmel (siehe C. P. 5). Es gibt besondere Riten, die ihre Wiedergeburt offenbar beschleunigen.

Das Schicksal der Geister, die in Erwartung der Reinkarnation in der sublunaren Welt und im Vorhimmel umgehen, so wie es die Bilder beschreiben, findet sich im großen und ganzen auch in dem noch heute lebendigen Glauben in Yucatan; die Änderungen sind der Christianisierung zuzuschreiben und nur sehr oberflächlich. Wie bereits erwähnt, verbindet die Landbevölkerung in Yucatan mit dem christlichen Glauben an Himmel, Fegefeuer und Hölle den Glauben an die Rückkehr aller Toten als Neugeborene auf die Erde. Eine Ausnahme machen nach einem alten christlichen Verbot nur diejenigen, die mit der Schwester der Gattin Inzest betrieben haben: Sie werden sich in heftige Winde verwandeln wie auch die Toten, denen »die Lebenden nicht helfen«, wenn sie sich nach Ruhe sehnen. Sie bringen den Lebenden Krankheiten und andere Plagen. In Übereinstimmung ihres alten mit dem christlichen Glauben schreibt man in Yucatan dem gestorbenen Kind ein bevorzugtes Los zu, denn es kann Fürsprache für seine Eltern einlegen, da es direkt in die »Glorie«, den christlichen Himmel, eingeht. Es soll, wie übrigens auch der Erwachsene, nicht beweint werden, damit »der Weg zum Himmel nicht naß wird«, wenigstens die ersten Tage nicht, solange es die himmlische Glückseligkeit noch nicht erlangt hat.[9]

Die Lacandonen haben andere Erinnerungen an die alte

Metaphysik bewahrt – soweit sie den Forschern überhaupt davon berichtet haben. Die Seele der Erwachsenen, anders als die des Kindes, verläßt das Haus nicht sofort. Sie bleibt in der Familie und lebt weiter, als ob sich nichts geändert hätte, fast immer ohne die Lebenden zu stören. Das kann bis zu achtzig Tagen dauern. Erst am dritten Tag wird sie sich ihres neuen Zustandes bewußt, vor allem, wenn die Familie wacht und Kerzen für sie anzündet.[10] Darüber hinaus hat ein Teil des maya-toltekischen Mischglaubens den Glauben der Lacandonen verändert: Das (geistige) »Herz« steigt zum Himmel auf, zum Hauptgott Nohoch-ac-yum; nur die Bösen unter den Toten müssen im *Mitnal* (oder *Metnal*) leiden, in der Hölle der Tolteken und Azteken. Der »Pulsschlag« des Toten, eine Art psychische Kraft, die sowohl vom Körper als auch vom geistigen »Herzen« getrennt ist, steigt in die unterirdische Welt hinab, wo sie mit Kisin lebt, dem Herrn der Hölle.

Alle diese Synkretismen haben wahrscheinlich einige Züge der sehr viel erhabeneren alten Maya-Tradition bewahrt, die uns in der Pariser Handschrift erhalten geblieben ist. Natürlich geht es darin nicht um ein ewiges Paradies, wie es an diese Vorstellung gewohnte Köpfe gern sähen. Der Maya ist weit davon entfernt, sich über das Los des Menschen zu beklagen, er findet es beneidenswert und fürchtet ganz im Gegenteil die Zeit, die er im Vorhimmel zubringen muß. Sein ganzes Trachten gilt der Reinkarnation. Für diese gibt es ein meines Erachtens sehr schönes Schrift-Symbol (Nr. 98): Aus einem Gefäß voller Asche oder Knöchelchen entspringen ein, zwei, manchmal auch drei aufgerichtete Blätter, die an der Mittelader zu erkennen sind – was tot schien, blüht wieder auf. Man könnte hier an die buddhistische Auffassung erinnern, nach der die Menschheit in einem fast endlosen Kreislauf von Leben, Tod und Wiedergeburt gefangen ist; das physische und psychische Sein, das sich vorübergehend aufgrund von Begierde bildet – welche dem ewigen Zustand oder Nirvana fremd ist –, sucht sich unaufhörlich zu reinkarnieren. Dieses Schicksal ist jedoch für den Buddhisten das Schlimmste, er muß versuchen, ihm zu entkommen, die Begierde, den Hunger nach Leben, abzutöten, allem Leiden ein Ende zu setzen und als Individuum im Nirvana zu verlöschen. Im *Bardo Thödol*, dem sogenannten *Totenbuch der Tibeter*, beschwört der Lama, dessen Rolle der des *Chilan* sehr verwandt ist, unaufhörlich den Toten, er solle sich von der Gier nach Wiedergeburt nicht versuchen lassen.

Der Maya hingegen ist überzeugt, daß das irdische Leben ein Segen ist. Er erweckt und bestärkt das Verlangen des Toten und hilft ihm, den Weg in einen Mutterschoß zu finden. Daher also besteht die Pariser Handschrift fast nur aus Totenkult-Ritualen. Und wahrscheinlich aus diesem Grund wird ein Mann ohne Nachkommen »Mann, der untergeht« genannt (*zat-ay uinic*), denn er verschwindet gänzlich, wenn er stirbt, er kann keinen Körper wiederfinden, da kein Nachkomme nach seinem Hinscheiden die nötigen Riten durchführen wird.

Die Maya sind die einzigen Indo-Amerikaner, die einen Ahnenkult haben. Dem Prinzip und manchen besonderen Details nach ähneln Bestattung und Ahnenkult den Bräuchen des alten China, wo der Ahnenkult aus eben denselben Gründen eine der ältesten Einrichtungen war. Noch heute beerdigt der Maya seine Toten möglichst in unmittelbarer Nähe des Hauses, was im christlichen Umkreis dann zu tragikomischen Vorfällen führen kann.[11] Ganz ähnlich beerdigten in sehr alter Zeit die Chinesen ihre Toten »innerhalb der häuslichen Umfriedung«.[12] Später gab es dann eine erste Beerdigung im Haus, nahe dem südöstlichen Winkel, dem dunkelsten des einzigen Zimmers, in dem auch die Saat aufbewahrt wurde und wo man schlief. War der Körper zerfallen, wurden die Reste endgültig auf dem Familienfriedhof außerhalb des Dorfes begraben. Daraus entstand dann später der Ahnenkult, der Ähnlichkeiten mit dem der Maya hat.

Der für diese Verwandtschaft charakteristischste Ahnenkult der Maya war der Kult der mächtigen Fürsten der Cocom von Mayapan. Landa beschreibt die Bräuche, deren Natur ihr hohes Alter verrät, folgendermaßen: »Nach dem Tod wurde ihm der Kopf abgeschnitten; er wurde gekocht, das Fleisch abgenommen und der hintere Teil abgesägt, nur der vordere Teil mit den Kiefern und den Zähnen blieb übrig. Dann wurde auf dem halben Kopf des Toten das fehlende Fleisch durch einen besonderen Kitt ersetzt, so daß er genau das Aussehen wiederbekam, das er als Lebender hatte; dieses Bild und ihre Idole stellten sie zwischen die Aschestatuen in die Betplätze ihrer Häuser, wo sie sie mit einer mit Ehrfurcht gemischten Zärtlichkeit aufbewahrten. An Festtagen und bei Festlichkeiten aller Art brachten sie ihnen Speisen dar, damit ihnen im anderen Leben nichts fehle.« Die Maya in weniger hoher Stellung »fertigten für ihre Verwandten Holzstatuen mit hohlem Hinterkopf an; sie verbrannten einen Teil der Leiche, legten die Asche in diese Höhlung und verstopften sie; darüber legten sie die Haut des Hinterkopfes, die sie vorher abgenommen hatten. Den Rest beerdigten sie wie üblich. Die Statuen verehrten sie hoch und bewahrten sie zwischen ihren Idolen auf.«[13]

In China wurde in sehr früher Zeit der Leichnam des Familienoberhaupts gekocht; der älteste Sohn trank während des Rituals eine Schale mit seiner Brühe, um die geistigen Kräfte des Vaters in sich aufzunehmen.[14] Nach sicher sehr alten Traditionen wollte es der chinesische Brauch – er existierte noch zu Anfang unseres Jahrhunderts

–, daß jeder Vorfahre durch ein Holztäfelchen auf dem Hausaltar vertreten war, auf dem »die Worte standen: ›Sitz der Seele von ...‹, mit dem Namen des Verstorbenen und seinen Titeln, wenn er welche hatte ... Die Täfelchen sind in einem kleinen Sanktuarium ... rechts vom Familientabernakel aufgereiht. Davor steht Räucherwerk zwischen zwei Kerzen«, die bei bestimmten Zeremonien, wenn den Vorfahren Speisen dargebracht wurden, angezündet wurden.[15]

Bei den Maya wie bei den Chinesen hält sich der Tote nicht für immer auf der Erde oder in einer anderen Welt auf, sondern wird wiedergeboren. Bei den Maya ist seine Reise das Thema aller Codices. Im prähistorischen China »bestand der Glaube, daß die Lebensgeister in dem dunklen Winkel schweben, in dem sich die Ahnen desinkarniert haben. Jede Geburt scheint die Reinkarnation eines Ahnen gewesen zu sein ... Das Neugeborene war nichts anderes als ein Ahne, der nach seinem Aufenthalt in der Muttererde, der gemeinsamen Substanz aller mütterlichen Ahnen, ein individuelles Leben wieder aufnahm und in der jetzt lebenden Familie wieder erschien ... Jedes Mitglied der Gruppe ging durch die Geburt oder den Tod in eine neue Seinsform über: in die der Lebenden, die stark miteinander verbunden waren, aber im einzelnen ganz individuelle Eigenheiten besaßen, oder in die der Toten, die eine unbestimmte Masse bildete und sich später aufteilen würde in Teile von individualisierten Seelen, denen dann ein Kult gewidmet wurde«[16], die aber nach einer bestimmten Zeit wiedergeboren wurden.

Anmerkungen

1 *Popol Vuh. Das Buch des Rates*, übersetzt von Wolfgang Cordan, Diederichs, Köln ²1978.

2 Landa verwendet irrtümlich das Wort Wiedergeburt für eine Zeremonie, die er als »Taufe« bezeichnet – eine Art Aufnahme des Kindes in die Gesellschaft, wie sie auch in China und Japan üblich war –, und bemerkt, daß das Wort »geboren werden« immer nur im Sinne von »wiedergeboren werden« gebraucht wird; die Taufe wird »mit einem Wort bezeichnet, das wiedergeboren werden oder ein anderes Mal geboren werden bedeutet«. – »Es wird nur in der Verbalkonstruktion gebraucht; so heißt *caput-zihil* ›wiedergeboren werden‹.«

3 Die Interpretationen dieses Kommentars werden oft angefochten, und häufig zu Recht. In diesem Fall, in dem man sich fragt, ob die Elemente Oben und Unten, die das Zeichen bilden, analytisch »oben und unten« oder synthetisch »das Oben-Unten« gelesen werden müssen, würde ich mich jedoch für die Interpretation des Kommentars entscheiden.

4 Dasselbe Detail ist auch im Zeichen für *Chilam* und in bestimmten Ausführungen des Zeichens für Wiedergeburt (Nr. 95) zu finden.

5 Redfield, a. a. O.

6 Die Kartusche, die nur noch das Doppelkreuz enthält, das weitgehend durch eine gepunktete Linie verdoppelt wird und über einem Mund mit vorstehenden Zähnen steht (Nr. 197; C. P. 5), ist wahrscheinlich ein Abstraktum: »Erleuchtung des Toten.«

7 Dieser Fisch ist nicht zu verwechseln mit demselben Fisch mit natürlichem Kopf, Auge und Bauch, bei Landa *l*; ich lese letzteres Zeichen 1. *lu*, »Wels«, der der größte der mexikanischen Fische ist, und 2. »groß«.

8 Redfield, a. a. O., S. 32; Ferdinand Anders, *Das Pantheon der Maya*, Graz 1963.

9 Redfield, a. a. O.

10 Tozzer, *A comparative Study of the Maya and the Lacandones*, New York 1907, und Ferdinand Anders, a. a. O.

11 Ein eifersüchtiger Gatte ließ sich gleich neben der Tür seines Hauses

begraben, um der Treue seiner Witwe sicher zu sein. – Ein Jesuiten-missionar kam von einer Reise zurück und fand bei seiner Schule gleich neben seiner Hütte das Grab des Stammeshäuptlings, der während seiner Abwesenheit gestorben war. Die Dorfbewohner begriffen seinen Zorn nicht, sie hatten sich vorgestellt, die Seele des Häuptlings sei eine angenehme Gesellschaft für einen Priester. (Pacheco Cruz, *Usos, costumbres, religion y supersticiones de los Mayas, Mérida*, Yucatan, 1960.)

12 Marcel Granet, *La Réligion des Chinois*, Paris 1951.

13 Landa, a. a. O.

14 Marcel Granet, *Fêtes et chansons anciennes de la Chine*, Paris 1919.

15 Henri Maspéro, »Mythologie de la Chine moderne«, in: *Mythologie asiatique illustrée*, Paris 1928.

16 Marcel Granet, a. a. O.

3.

WIEDERGEBURT UND REINKARNATION

Die einzelnen Stadien der Rückkehr des Toten in den menschlichen Körper, wie sie das Pariser Manuskript beschreibt, waren bis heute fast völlig unbekannt. Wir geben hier erst einmal eine kurze Zusammenfassung:

Erstes Stadium: Wenn der Verstorbene die Schwelle des Todes überschritten hat, gelangt er nach und nach zu einem immer höheren Bewußtseinszustand, dessen einzelne Phasen im Text etwas trocken aufgezählt werden, der aber immer klarere, durchgeistigtere Konturen erhält. Das Stadium endet vor der Erwerbung des »geläuterten« Zustandes. Der Tote bewegt sich ausschließlich in der »sublunaren Welt«, auf der zeitlichen Ebene und unter dem Einfluß von himmlischen und irdischen Mächten.

Zweites Stadium: Unter den Einflüssen derselben Mächte erwirbt der Tote die vollkommene Läuterung und geht in die Sphäre des »Vorhimmels« ein. Eine Wandlung geht mit ihm vor: Er verliert die menschliche Gestalt, die – natürlich in geistiger Weise – sein »Auge« umkleidet hat. Dieses bekommt eine neue Hülle, symbolisiert durch ein abstraktes Zeichen, das ich vorläufig, mit den Missionaren, als *pix-an* identifiziere und wie sie noch vorläufiger mit »Seele« übersetze (Nr. 25). Die Wandlung führt zur »*Wiedergeburt* im Vorhimmel« (*caput-zih*). Das Schriftzeichen (Nr. 95) kommt auch in der Aufzählung der Tage vor, wo es *chuen* gelesen wird. Wenn es so sorgfältig ausgeführt ist wie in unserem Text und wie selbst von den Informanten von Landa, die damit den Buchstaben *c* schrieben, ist es eines der eindrucksvollsten Zeichen. In einer viereckigen oder

Der »schaffende Gott« schreitet – in diesem Stadium noch blind – durch die unterirdische Welt des vorübergehenden Todes. In der rechten Hand trägt er das Symbol des durchschnittenen und wieder zusammengefügten Lebensfadens, mit der linken hält er auf der Schulter die den befruchtenden Regen verkündende Blitz-Lanze. Auf dem Kopf trägt er die »Seele« des Hirsches, dem die Wiedergeburt versprochen ist, und die Larven der verstorbenen Wesen. (Aus C. M. 50)

runden Kartusche ragen von rechts und links Rundungen ins Bild, die meines Erachtens weibliche Brüste darstellen sollen, und von der Basis das erigierte männliche Glied.[1]

Drittes und letztes Stadium: Nach weiteren himmlischen und irdischen Manipulationen wird die desinkarnierte »Seele« ihrer alten Hülle und damit auch des Gedächtnisses des Verstorbenen entkleidet und in den Schoß einer befruchteten Frau eingebracht. Es ist die »Reinkarnation« (*caput-cux*) in der »sublunaren Welt«, wie sie das bereits erwähnte so vielsagende Zeichen Nr. 98 beschreibt, das Aschegefäß, aus dem zwei oder drei Blätter entspringen, die das körperliche Leben bedeuten. Dieses Stadium scheint zu enden mit dem Zeichen Nr. 102, ein Geripppe mit dem Punkt »Ursprung« am unteren Ende des Rückgrats.

Für die beiden Zeichen Nr. 95 und Nr. 98 wurde bisher noch keine chinesische Entsprechung gefunden; es war eine plötzliche Intuition, durch die ich sie identifizieren konnte. Sie liefern den Schlüssel zu allen erhaltenen Maya-Büchern und beruhen auf der auch in der buddhistischen Lehre vorhandenen Überzeugung, daß das menschliche Wesen nur durch die Mitwirkung des Fleisches und durch die Integration einer »Seele« in den Fötus geboren werden kann. Im Gegensatz zur christlichen Seele ist die Seele hier nur die Umwandlung eines Verstorbenen; hier liegt der Irrtum Landas in bezug auf die »Wiedergeburt, *caput-zihil*«.

In den Maya-Handschriften gibt es eine Formulierung, die meiner Meinung nach den ganzen Vorgang von Wiedergeburt und Reinkarnation – sowohl der Menschen als auch der Pflanzen und der Tiere – zusammenfaßt und die ich folgendermaßen lese: »die verstorbenen Wesen werden wieder lebendig« oder »kehren wieder«; das Verb soll hier vorläufig nur indikativ aufgefaßt sein. Die Vorstellung ergibt sich aus der Zeichnung Nr. 103: Von oben links zieht sich eine doppelte Linie, ein durchgezogener und ein gepunkteter Strich, senkrecht bis zur Mitte, dann macht sie einen Bogen nach rechts, sie geht waagrecht durch zwei senkrechte Balken, die die Kartusche in der Mitte teilen, und macht dann wieder einen Bogen in die Senkrechte bis zum rechten unteren Winkel. Besser ist ein Weggehen und Wiederkommen wohl nicht auszudrücken. Die Gruppe von Zeichnungen: »die verstorbenen Wesen erwachen wieder zum Leben« taucht immer wieder wie ein Leitmotiv am Rand der ersten Blätter auf und wird jedesmal durch die Erwähnung himmlischer oder irdischer Techniken ergänzt, die die Wiederkehr zur Erde zusätzlich sichern. Der Verstorbene kann selbst seine Wiedergeburt nicht bewirken, ohne die irdische Hilfe bleibt er desinkarniert.

Daher die häufige Erwähnung des Verbundenseins von Lebenden und Toten: »Der wiedererwachte Tote und der Ruf zur Wiedergeburt sind verbunden« (C. P. 3), »der schauende Priester und der Tote sind verbunden« (C. P. 3), »der wiedererwachte Tote und der Jaguar-Gott oder Priester-Jaguar in Ekstase sind verbunden im Opfer für die Reise der Wiedergeburt« (C. P. 6). Der Kopf des Jaguars und der des Toten werden sogar des öfteren in ein einziges Zeichen ineinandergelegt »für das Opfer in Hinsicht auf die Reinkarnation« (C. P. 6). Die Toten hängen außerdem von den himmlischen Kräften ab, die die lebenden Menschen mobilisieren. Nicht nur der Geschlechtsakt, auch die Anrufung und Beschwörung[2] des Magiers und die verschiedenen Rituale bringen den Verstorbenen auf die »Reise zur Wiedergeburt«.

Der Geschlechtsakt wird mit beinahe medizinischer Sorgfalt dargestellt: Das zusammengesetzte Zeichen Nr. 14 zeigt das männliche Glied mit Hoden und Harnröhre in Verbindung mit dem weiblichen Uterus und den Eierstökken; der Uterus ist blutrot gemalt, die Eierstöcke sind schwarz. Beide Organe zusammen gießen den Samen in einen Innenraum aus, in die Gebärmutter. Es besteht also kein Zweifel, daß die Maya den Sinn des sexuellen Aktes kannten und den Koitus mit der Schwangerschaft in Zusammenhang brachten. Bekanntermaßen ist das bei den meisten »primitiven« Völkern nicht der Fall, sie verbinden die Schwangerschaft mit einem magisch-religiösen Vorgang, zum Beispiel mit der Verehrung eines Steines oder damit, daß eine Frau in Kindesnöten freiwillig oder gezwungen um einen solchen herumgeht. Aber wie im Christentum und im Buddhismus wird dem fleischlichen Vorgang ein geistiger an die Seite gestellt: Der Fötus braucht eine Seele, die ihm Leben verleiht. Und wie der Buddhist ist der Maya überzeugt, daß diese Seele das psychische Leben eines die Wiedergeburt suchenden Fötus ist.

Der Eintritt dieser psychischen Einheit in den Mutterschoß bedarf jedoch auch eines günstigen Augenblicks. Im *Bardo Thödol* wird der Tote, wenn er gegen die Anziehungskraft der Erleuchtung, die ihn aus dem Kreislauf von Geburt und Tod ins Nirvana führen würde, unempfindlich bleibt, zwangsläufig und instinktiv durch einen menschlichen oder tierischen Mutterschoß angezogen. Aufgabe des Lamas ist es dann, ihn zur bestmöglichen Wiedergeburt zu leiten. Bei den Maya ist die Aufgabe der lebenden Menschen, vor allem der Priester, dieselbe.

Die ständige Zusammenarbeit der Lebenden und der Toten stellt also das dauerhafte Gleichgewicht der sublunaren Welt mit ihren beiden Polen dar, dem des irdischen Lebens und dem Leben außerhalb des physischen Körpers, die sich gegenseitig ergänzen. Diese Bipolarität hat eine gewisse Beziehung zum Zyklus von Tag und Nacht. In den Bebilderungen des Pariser Codex schmückt eine Tag-Nacht-Girlande (*Kin-Akbal*, unter Nr. 119) die Armlehne des Sitzes auf der linken Seite, der sicher nicht einer Gottheit, sondern dem Priester gehört, welcher bei der ihm gegenübersitzenden Gottheit für die Lebenden eintritt. Die Fürsorge der Gottheit drückt sich in einem darüberstehenden Dialog aus, in dem der Gott dem Bittenden die Instruktionen erteilt, die im Text stehen. Hat der Priester auch die Grenzen des menschlichen Lebens für kurze Zeit überschritten, so bleibt er doch mit der irdischen Welt verbunden, die durch seinen Tag-Nacht-Sitz symbolisiert ist. So ist der Zyklus von Leben, Tod und Wiedergeburt nur ein Aspekt des Zyklus von Tag und Nacht, ein sichtbarer Ausdruck der sublunaren Welt. Die gegenseitige Abhängig-

Der himmlische Chilan (auf einem Thron mit dem Zeichen »Schatten der magischen Kraft der Erde«) tritt bei dem »schwarzen Gott« für Fruchtbarkeit und die Wiedergeburt der Menschen ein. (Aus C. M. 51)

keit der Lebenden und der Toten ist ein Zeichen für das außer-himmlische Leben auf der Erde oder im Vorhimmel, während das himmlische Leben von jeder Bedingtheit und jedem zyklischen Vorgang unabhängig ist. Dieser überraschende Aspekt der Maya-Philosophie bringt sie in ganz erstaunliche Nähe zur buddhistischen Philosophie, die zwischen der Welt der Phänomene, welche der Interdependenz, dem Gesetz der Kausalität und der Konditionierung unterliegt, und der Welt des Nirvana, die davon befreit ist, genau unterscheidet.

Im ganzen präkolumbianischen Amerika haben die Maya als einziges Volk keine geradlinige Schicksals-Konzeption, die auf die Endkatastrophe hinausläuft; die Zeit ist für sie ein Zyklus ohne Ende, ein Punkt in der Ewigkeit. Ihre Kosmologie, wie sie zur Zeit der Eroberung aussah und von den Spaniern beschrieben wurde, spricht zwar von vier aufeinanderfolgenden Schöpfungen – wovon die letzte die Maya hervorbrachte, die jetzt in Yucatan leben. Diese Auffassung findet sich jedoch bei allen mittelamerikanischen Völkern wieder, und einige Details lassen auf ihren toltekischen Ursprung schließen. Kam die ursprüngliche Rasse nicht doch aus Tulum, der Hauptstadt der Tolteken, über Chichen-Itza, dem Maya-Zentrum in Yucatan, das von den Tolteken unterjocht wurde? Die Maya des alten Reiches und der noch unbeeinflußten Maya-Kultur hatten bezeichnenderweise neun Götter auf dem Gipfel ihres Pantheons. Unter der Herrschaft der Tolteken und der Azteken wurden ihnen von den Azteken dreizehn neue Götter untergeschoben. Der *Chilam-Balam von Chumayel* spricht von der Katastrophe, die der vierten Schöpfung durch Feuer ein Ende setzen wird.[3] Auf das Ende der Welt läßt er dann den Sieg der neun ursprünglichen Götter über die dreizehn neuen Götter folgen; danach fallen Mond und Sonne herab, Himmel und Erde verschwinden. Bedeutet das nicht, daß nach der Herrschaft der falschen Götter ein neuer Zyklus beginnen wird, so wie in der indischen Kosmologie die jetzige Welt in Flammen aufgehen und ein neuer Traum des Brahma entstehen wird? – Wir haben es hier also mit einer zyklischen Kontinuität zu tun. Die mythische Zeit wurde, wie aus dem berühmten Maya-

Kalender zu erkennen ist, wahrscheinlich als unendlich betrachtet, und in ihr spielte sich eine zyklische Wiederkehr ab.

Im alten China ist »kein Philosoph auf den Gedanken gekommen, die Zeit als monotonen Ablauf zu sehen, als Abfolge qualitativ ähnlicher Augenblicke in gleichförmiger Bewegung ... Sie alle sehen in der Zeit eine Gesamtheit von Zeitaltern, Jahreszeiten und Epochen ... Die Zeit schien zyklischer Natur zu sein.«[4]

Ähnlich haben die Maya das Rätsel der Geburt nach dem Vorbild der Natur im allgemeinen mit einer zyklischen Wiederkehr erklärt. Eines der lehrreichsten Ergebnisse meiner Entzifferung war der enge Zusammenhang der Wiedergeburt des Menschen mit dem zyklischen Keimen der Pflanzen. Das Zeichen für den ersten Tag, *kan* (Nr. 68), hatte für die Forscher bis heute die einschränkende Bedeutung »Keimen« oder »Mais«, »Ernte«, »Samenkorn«; es bezieht sich aber wahrscheinlich auf die Fruchtbarkeit in allen ihren Erscheinungsformen im menschlichen wie im pflanzlichen Bereich.[5] Es stellt wohl den Erdboden dar, in den man ein Loch für den Samen gemacht hat, den man in manchen Zeichen von oben herabfallen sieht. Unter dem Loch befinden sich drei Striche, die die Wurzeln[6] darstellen. In der Pariser Handschrift sind jedoch die Götter abgebildet, wie sie eine Anzahl von »*kan*« halten, die auf einem Opfergefäß aufgehäuft sind. Es ist eine Opfergabe für die Menschen, für den Priester, der kommt, um die Wiedergeburt der Gattung zu erflehen. Jede Gottheit fügt eine besondere Opfergabe hinzu, vor allem die Hilfsmittel der Klarsichtigkeit, mit denen der Priester die Verstorbenen zur Reinkarnation führen kann. Der Text vermischt fortwährend und unentwirrbar die Herbeiführung dieser Wiedergeburten und »den Segen des unerschöpflichen Keimens«: In C. P. 7 ist dieser Segen mit den Opfergaben der

Oben links der Verstorbene auf dem Weg zur Wiedergeburt in einer Variante des Zeichens »Grab«. Darunter das Symbol für die »machtvolle (lebenspendende) Erde«, über dem der Vogel Moan schwebt, der in seinem Schnabel das Zeichen »lebende Saat« trägt. Rechts ein Gott mit einem langen Saatstock, der gesegnete Saatkörner gewährt. (Aus C. M. 34)

zukünftigen Mutter verbunden; in C. P. 9 verschafft der *Chilan* gleichzeitig »Wolken und menschlichen Samen«.

Die im Denken der Maya tief eingewurzelte Verbindung der beiden Mächte wird von der Landbevölkerung in Yucatan heute noch genauso tief empfunden wie damals. »Wenn das Ende (des Sterbenden) bevorsteht, werden die für die Aussaat aufbewahrten Maiskörner und alle anderen Saatkörner aus dem Haus entfernt: Geschähe dies nicht, würde ihr ›Herz‹ (Seele oder Geist) ebenfalls sterben und nicht keimen.«[7]

Die Götter werden also von den Priestern angerufen, in jeder Hinsicht Gedeihen zu schenken.[8] Es geht dabei allerdings nicht nur um materielles, sondern auch um geistiges Gedeihen. Unter den Hilfsmitteln, die die Gottheiten dem Priester überreichen, sind auch solche, die ich als Zeichen oder als Stimulans für Trance oder Ekstase identifiziert habe. Sie kommen sehr häufig vor und bezeichnen einen mystischen Zustand während des Rituals, ferner Anrufungen, die den Verstorbenen wecken und lenken sollen, oder auch die Mittel, um den mystischen Zustand zu erreichen. In C. P. 3 bietet die Gottheit als erstes ein kleines Opfergefäß mit einer gefüllten Kugel an. Das Gefäß kommt immer wieder vor (s. Nr. 169), auf der Nase des Priesters oder auf den Nasenflügeln des Opfertieres, des Jaguars, des Truthahns, des Geiers oder des Hundes, und steht für »Blut« – *ol-om*, *o* in Landas Alphabet –, das sich ein Priester selbst abgezapft hat oder aus Nase oder Lippen des Tieres entnimmt, um es den Göttern darzubringen. Auch im alten China war diese Opfergabe eine der gebräuchlichsten. Das chinesische Zeichen wurde ursprünglich nur für das Opferblut verwendet, später dann für »Blut« ganz allgemein, und bestand ebenfalls aus einem mit Blut gefüllten Opfergefäß, wobei das Blut durch einen Punkt gekennzeichnet wurde. Auf einem Bild in C. P. 4 (Nr. 135) hebt der Priester, in Ekstase und mit einem Vogelkörper, das häufig für das Opferblut verwendete Gefäß ans Ohr, aus dem man häufig das Blut entnahm.

Als nächstes bietet die Gottheit ein Hilfsmittel an, das wir auf den Textbildern unter dem Auge von Priestern oder Opfertieren finden, vor allem unter dem des Hundes (Nr. 136). Auf anderen Bildern (C. P. 6) befindet es sich neben dem Auge der Gottheit selbst. Ein Halbkreis (Nr. 134) liegt unter dem Auge und verlängert sich aufsteigend nach rechts, macht dann einen Bogen zurück nach links, der drei oder vier kurze nach unten gerichtete Höcker hat. Zweifellos handelt es sich um ein Symbol für das Zweite Gesicht, das Hellsehen oder die Erleuchtung, die vermutlich solaren Ursprungs ist.

Schließlich bietet die Gottheit ein Symbol an (Nr. 55), das im Text als die eine Seite des durch Landa bekannten Zeichens für Sonnen- oder Mondfinsternis zu finden ist; es hat diese Bedeutung, wenn dem Zeichen die Zeichen für Sonne oder Mond eingeschrieben sind. Aus dem Kontext schließe ich auf die etwas vage Bedeutung »Schutz«.

Die Götter erteilen also neben irdischer Nahrung und allgemeiner Fruchtbarkeit auch Geisteskräfte, Heilung und Mittel der Ekstase, welche die Menschen für kurze Zeit aus dem begrenzten Bereich ihrer Sinneswahrnehmungen befreit und ihnen das für sie so nötige Gespräch mit dem Himmel ermöglicht, das sie nur in diesem Zustand aufnehmen können. Dafür gibt es ein Zeichen, das banalerweise »vorwärtsgehen« gelesen wurde. Die Leiter in diesem Zeichen (Nr. 128) hätte trotz mangelnder Voraussetzungen sorgfältiger interpretiert werden müssen. Das Zeichen zeigt in einer umfassenden Kartusche eine weitere Kartusche, die mehr als deren obere Hälfte einnimmt. Diese eingeschriebenen Kartuschen weisen immer auf einen Wechsel in eine andere Ebene hin, im allgemeinen in eine himmlische. Die Leiter ragt von einer Ebene in die andere; auf der irdischen liegt nur ihr äußerstes unteres Ende, und sie ragt in die himmlischen Regionen empor. Auf dem teilweise verwischten Bild von C. P. 5 steht die Leiter neben dem Priester, der der Gottheit gegenüber in seinem Sessel mit der Tag-Nacht-Lehne sitzt: Es handelt sich also eher um die geistige Leiter der Trance, ein den sibirischen Schamanen sehr vertrautes Bild.

Zwischen Himmel und Erde findet ein Austausch von Leistungen statt (das Zeichen, für das ich »Austausch« vorschlage, kommt im C. Dr. häufig vor): Unter den Gaben der Menschen befindet sich neben dem Opferblut des Priesters oder des Opfertieres das Brandopfer eines Menschen (Menschenopfer) oder eines Tieres, vor allem des Hundes. Das entsprechende Zeichen (Nr. 74) hätte durch die dazugehörige Bildgruppe schon längst identifiziert werden können: In der Hand des Opferpriesters, der eben dabei ist, das menschliche Opfer zu töten (C. Dr. 2, unter Nr. 176), liegt die Spitze eines Blitzes oder Wurfspießes (C. P. 5, unter Nr. 74) oder ein Opfermesser; das Instrument ist auf dieselbe Art verziert wie das Zeichen: ein zitterndes X, das wahrscheinlich den Funken darstellt, der aus dem Feuerstein sprüht (worauf Thompson die Bedeutung des Zeichens beschränken wollte). Es handelt sich dabei um die Opferhandlung. Wohl deshalb befindet sich das Zeichen unter den »Drei Kostbaren Dingen« auf dem Altar (Nr. 24) nebst dem Opferblut und der Knospe, von denen noch die Rede sein wird.

Bei der Zuteilung der geistigen Kräfte verlegen die Götter den Gabenaustausch zwischen Himmel und Erde allerdings auf die wahrhaft mystische Ebene der Verehrung und der inneren Schönheit. Diese Götter brauchen, um existieren zu können, weder Gebete noch Weihrauch, wie man das oft in primitiven Religionen findet. Sie verteilen freundlich ihre Gaben an die guten Menschen, die sie religiösen Geistes verehren. Die Gottheit läßt sich nicht auf menschliches Niveau herab, der Mensch wird auf göttliches Niveau erhoben. Der Himmel läßt durch die Vermittlung des ekstatischen Magiers, des geheiligten Menschen, seine Macht ins Herz der lebenden Wesen strömen. Der Vermittler ist mächtig, ein Träger, ja fast ein prometheischer Schöpfer von Licht und Leben. Seine Rolle wird von dem

Text in seiner Gesamtheit einem mythischen Vogel, dem *Moan*, zugeschrieben, der zusammen mit dem *Chilan* die Seele des Verstorbenen zur Wiedergeburt führt. Es ist kennzeichnend für die Maya-Religion, daß bei der Durchdringung der beiden Welten das Untere erhöht wird, ohne daß das Höhere erniedrigt würde. In der präkolumbianischen Zeit steht sie damit einzig da.

Aus all dem ergibt sich auch die Vergöttlichung des Rituals und vor allem der astronomischen Phänomene und des Tierkreises, eine Auffassung, die schon immer als für die Maya charakteristisch angesehen wurde. Daß das Göttliche die Menschen durchdringt und beschützt, wird nun durch unseren Text bestätigt.

Der Schutz, den die Gottheit dem Priester anbietet (C. P. 3), wird durch vielerlei Zeichen dargestellt, deren Bedeutung im einzelnen wir noch nicht unterscheiden können. Auf einer Zeichnung sieht er wie ein Schatten aus (im Schatten sein: unter dem Schutz eines Gegenstandes oder eines Wesens sein), eine andere kommt genauso auch im Chinesischen vor und stellt einen Vogel dar, der meistens auf dem Tempel[9] sitzt und ihn zu beschirmen scheint. »Der Schutz« ist ein Geschenk der Götter, das der Priester durch das Gebet oder die Ekstase den Menschen übermittelt. Der Schutz ist nicht nur einfach ein magischer; er bedarf nicht einmal eines Rituals, er ist eine rein geistige Offenbarung der himmlischen Macht, herbeigerufen durch das Gebet.

Auch diese »himmlische Macht« (Nr. 110), die das Wesensmerkmal aller Götter ist, wird dem Priester durch die Gottheit dargereicht (C. P. 5). Jede Gottheit auf den mittleren Bildteilen des Textes trägt das Zeichen der »himmlischen Macht« aufgerichtet wie einen Schmuck auf dem Handgelenk. Da sie von den Göttern freiwillig angeboten wird, ist sie keine magische, der Magier kann die Gottheit nicht zwingen, ihre Kraft abzugeben, wie das der sibirische oder afrikanische Schamane tut. So ist es auch nur das erhoffte, aber nicht das gesicherte Resultat von Verehrung und Reinigungsritual, wenn der Priester, der den Anordnungen des belehrenden Gottes folgt, die »Herabkunft des Herrn« in den Vorhimmel erreicht. Die Herabkunft, die im Text sehr häufig vorkommt, vor allem die zur Fruchtbarmachung der Erde, gehört zu einer vorbestimmten kosmischen Ordnung, die der Erde den göttlichen Schutz sichert, ohne dem Himmel die Freiheit zu nehmen oder dem Menschen den freien Willen.

Anmerkungen

1 In Landas Alphabet liegt das Zeichen in einer runden Kartusche, die ihrerseits in eine andere eingebettet ist, die sich oben wie eine Vase öffnet. Der feierliche Stil scheint die Geistigkeit des Vorgangs zu betonen. Der Text wiederholt oft und gerne, daß die »Wiedergeburt« vor der irdischen Reinkarnation im Vorhimmel stattfindet.

2 Nr. 29: Zwei kleine Kreise, die mit Bezugnahme auf das Chinesische »Lärm« bedeuten, liegen zu beiden Seiten von drei Punkten im Dreieck, die meines Erachtens »Eier« oder »Sperma« bedeuten (siehe Nr. 8): Die magische Beschwörung verleiht den desinkarnierten und unsichtbaren Wesen wieder Gestalt.

3 Auf Blatt 53 des Dresdner Codex ist eine Überschwemmung abgebildet, die nach T. S. Barthel die vierte Schöpfung und die Zerstörung der dritten durch Wasser bedeutet.

4 Marcel Granet, *La Pensée chinoise.*

5 Vgl. den Brauch im alten China, die Saat in dem dunklen Winkel des Hauses aufzubewahren, in dem auch die Toten begraben sind (Granet, *La Religion des Chinois*).

6 Im Chinesischen bedeutet das entsprechende Zeichen »Reis«, neben der Hirse das wichtigste Nahrungsmittel in China. Es zeigt ebenfalls

den Erdhorizont, unter dem drei Wurzeln als parallele Striche liegen, während über ihm drei nicht-parallele Striche vermutlich den Samen darstellen sollen (siehe Nr. 68).

7 Redfield, a. a. O.

8 Noch ausdrücklicher als im C. P. arbeiten im C. Dr. und im C. M. die »geläuterten Toten im Vorhimmel« am Wiederaufleben der Vegetation mit, insbesondere bei der wichtigsten Pflanze, dem Mais.

9 Das Zeichen, das ich als Ideogramm »Tempel« (Nr. 121) lese, besteht aus einem Haus mit einem Turm in der Mitte, ganz wie im Chinesischen. Es darf nicht mit dem als »Süden« bekannten zusammengesetzten Zeichen verwechselt werden.

4.
DIE GÖTTER, DER HIMMEL
UND DIE ERDE

Die Maya-Religion wurde vom 9. Jahrhundert an unter der Herrschaft der Tolteken, dann der Azteken, so weitgehend entstellt, daß die ursprünglichen und die aufgezwungenen Inhalte nur sehr schwer auseinanderzuhalten sind.

Sicher ist, daß sich die alten Maya vor dem Niedergang die Organisation des Kosmos unter der Leitung eines »höchsten Gottes« vorstellten, der sich in die Tiefe des Himmels zurückzog und die Regierung von Himmel und Erde seinem anonymen »Amtsvertreter«, *Ahau*, dem »Herrn«, anvertraute. Unter seiner Führung kümmerten sich neun Götter um die irdischen Angelegenheiten. Auf der Erde wurzelte der »Baum des Ursprungs«, *Ceiba*, der bis in den höchsten Himmel wuchs. Vier Atlanten, die *Bacab*, als Vertreter der vier Haupthimmelsrichtungen, stützten den Himmel, der neun übereinanderliegende Ebenen oder Schichten hatte. Die Erde war ein Quadrat, dessen Seiten nach den Himmelsrichtungen ausgerichtet und die jeweils durch eine bestimmte Farbe charakterisiert waren. Das Zentrum bildete ein fünfter Ort mit einer fünften Farbe.

So sieht im großen und ganzen das Universum der Maya aus. Das chinesische Universum besteht nach der alten Volkstradition – die trotz der Versuche der großen Religionen, des Taoismus, des Konfuzianismus und des Buddhismus, sie auszulöschen oder zu entstellen[1], vor kurzem rekonstruiert werden konnte – ebenfalls aus einem nach den Himmelsrichtungen ausgerichteten Quadrat mit jeweils einer bestimmten Farbe für jede Seite. Im Zentrum, dem fünften Ort mit einer fünften Farbe, herrschte Huang Ti als der höchste Gott. Sein himmlischer Palast stand auf dem Gipfel eines Berges mit neun übereinandergelagerten Ebenen. Sein Verwalter bewachte die Grenzen der neun himmlischen Länder. Er selbst besaß vier Köpfe, um in die vier Himmelsrichtungen schauen zu können, und herrschte zugleich über den Himmel und das Reich der Toten. In seinem Garten wuchsen zahlreiche Riesenbäume, unter anderem der »Baum der Unsterblichkeit«. Als sich jedoch ein Gott gegen ihn erhob und die Menschen gegen ihn aufwiegelte, zog sich Huang Ti von seinen Geschäften zurück.[2] Er wählte einen »Vertreter«, der dann an seiner Stelle über den Himmel und das Reich der Toten herrschte. Die vier Himmelsrichtungen wurden vier Göttern zugeteilt, die die Menschen mit den Grundlagen der Zivilisation ausstatteten, nachdem Huang Ti selbst sie bereits deren Anfangsgründe und die Schrift gelehrt hatte. Die beiden Weltentstehungslehren haben also auffallende Parallelen, die wir nun näher untersuchen wollen.

Über den höchsten Gott der Maya und seinen Vertreter, *Ahau*, wissen wir so gut wie nichts. Auf dem Zeichen für *Ahau* (Nr. 114) ist sein Gesicht abgebildet; einzigartig in der Maya-Schrift ist es eigentlich gar kein Gesicht, es ist eine abstrakte geometrische Figur, während sich alle anderen Köpfe von Menschen, Göttern oder Tieren eben durch ihre anschauliche Lebensnähe auszeichnen. Gewöhnlich tritt er in einer runden oder viereckigen Kartusche auf; in Ausnahmefällen wird er auch mit einer gewaltig großen Kopfbedeckung oder einem Strahlenkranz abgebildet. Immer jedoch besteht sein Gesicht nur aus einer vom oberen Rand der Kartusche ausgehenden geraden Röhre, die vertikal in der Mitte der Kartusche über bis zu zwei Drittel der Kartusche verläuft. Dann weitet sie sich zu einem Halbkreis aus, der einen kleinen Kreis umschließt. Zwei andere kleine Kreise zu beiden Seiten der Röhre könnten die Augen andeuten, so wie die Röhre die Nase und der Halbkreis den Mund andeuten könnten. Manchmal zieren zwei kleine, fast senkrechte, leicht schräg abfallende Striche wie ein Kinnbart die Bögen des Halbkreises. Im Chinesischen gibt es ein sehr ähnliches Schriftzeichen, das Ideogramm für »Ursprung«, »Wurzel« (unter Nr. 114). An eine senkrechte Linie schließt sich unten ein Halbkreis an, der einen dicken Punkt umschließt. In Höhe der »Augen« des *Ahau* gehen zwei Zweige vom senkrechten Stamm ab. Der Buchstabe wird mit dem Zeichen »Baum« in Verbindung gebracht, das ehemals aus einer einfachen senkrechten Linie bestand, an der sich zwei Zweige aufwärtsbogen und unten zwei herabhingen.

Die Übereinstimmung des Maya-Zeichens für *Ahau* mit dem chinesischen Zeichen für »Ursprung« ist offensichtlich. Die Kosmologie der Maya zeigt uns im Zentrum der Welt den Baum des Ursprungs, den *Ceiba* (*yax-che*), der die Verbindung zwischen Himmel und Erde herstellt, den Menschen Nahrung sichert und die neun Himmelsebenen durchwächst, bis er sich am oberen Ende ausweitet, dort, wo in dem chinesischen Zeichen der Baum der Unsterblichkeit sich ausweitet, mit einer riesigen Reispflanze im obersten Kreis, dem Symbol der Nahrung.

In beiden Völkergruppen werden die Symbole des Baums des Ursprungs und des »höchsten Herrn«, des Vertreters des höchsten und einen Gottes, in Verbindung gebracht. Das macht die eigenartige Zeichnung verständlicher, mit der die Maya die Doppelnatur *Ahaus* ausdrückten, die unter den Augen der Spanier den Baum *Ceiba* verehrten.

Neun Götter kümmern sich bei den Maya um die Angelegenheiten der Menschen. Sie schätzten diese *Bolonti-ku* ganz besonders, obwohl sie ihren Platz an die dreizehn toltekischen Götter abtreten mußten. Den Prophezeiungen des *Chilam-Balam von Chumayel* gemäß werden die Eindringlinge aber am Ende von den *Bolon-ti-ku* besiegt. Die Maya kannten als einziges amerikanisches Volk neun zu einer engen Gemeinschaft vereinte Hauptgottheiten, und das ist für sie bezeichnend. Ebenso verhält es sich in China: Der Himmel bestand nicht nur aus neun Provinzen, deren Grenzen – also deren Unterscheidung – vom Verwalter des Huang Ti eifersüchtig bewacht wurden. »Neun Himmel« war auch eine Bezeichnung für den kaiserlichen Hof. Der Kaiser, »Sohn des Himmels«, war der Vertreter des Huang Ti auf Erden. Die ältesten, halblegendären Dynastien legten der Zahl Neun eine grundlegende religiöse Bedeutung bei. Neun Opfergefäße gingen als Talisman von einer Dynastie auf die andere über, und

Der sog. »Gott B« mit dem Beil der magischen Kraft und der Fackel des Lebensfeuers. (C. M. 3)

68

Yang, die aktive Kraft des kosmischen *Yin-Yang*-Systems, war durch die Zahl Neun charakterisiert.

»Himmel« wurde von den beiden Völkergruppen zwar nicht mit verwandten Zeichen geschrieben, aber das Maya-Zeichen deutet doch auf einen gemeinsamen Ursprung. Eine kleinere Kartusche füllt die oberen zwei Drittel einer größeren aus (Nr. 113); sie umgrenzt ganz offensichtlich die himmlischen Regionen. Die innere Kartusche wird angeblich von einem Andreaskreuz ausgefüllt, aber auf sorgfältigen Zeichnungen – sie sind nicht immer genau ausgeführt, vor allem wenn die Schrift flüchtiger wird – zieht sich nur ein *gerader* Balken von links oben nach rechts unten. Die beiden Balken von rechts oben nach links unten bilden keine gegenseitige Verlängerung. Es handelt sich also nicht um ein Kreuz, sondern um einen Stamm mit Ästen auf beiden Seiten. Das Altchinesische zeichnet »die göttliche Kraft« – was die älteste Bedeutung ist – mit einem großen S und zwei Ästen oder Ausbuchtungen auf beiden Seiten; ursprünglich stellte es das Wetterleuchten dar. Ein sonst gleiches Zeichen hat zusätzlich auf beiden Seiten einen kleinen Kreis, was ein Symbol für »Lärm« ist, und heißt »Krach des Donners« (unter Nr. 20). Die Maya schrieben also wahrscheinlich wie die alten Chinesen Blitz, Wetterleuchten oder Donner in den oberen Teil des Zeichens »Himmel« ein, um die himmlischen Kräfte zu symbolisieren. Der untere Teil ist sehr unterschiedlich gestaltet; auf sorgfältig ausgeführten Zeichnungen besteht er nur noch aus zwei Stufen, die zur oberen Kartusche führen – ein Symbol für Höhe, ein Gebirge oder ein Monument, das dem Himmel zustrebt oder auf dem dieser ruht.

Das Zeichen für »Gott« (Nr. 111) ist einfach nur die innere Kartusche des Zeichens »Himmel«; das »Kreuz« ist oft auf schwarzem Grund ausgespart. Viele Götter tragen dieses Zeichen wie ein Schild auf der Stirn oder auf der

Kopfbedeckung, manchmal ziert es auch die Frisur der Priester, ihrer Stellvertreter auf Erden.

In der chinesischen Götterwelt standen vier Gottheiten den Himmelsrichtungen und den vier Jahreszeiten vor.

Im Osten herrschte der Sohn des Donnergottes mit einem Menschenkopf und einem Drachenleib über den Frühling; bisweilen hat er auch einen Schlangenkörper. Er hat den Menschen das Feuer und die Angelschnur gegeben. Sein Helfer war der Gott des Holzes.

Im Westen herrschte ein Gott, dessen Name vermuten läßt, daß er wie ein Vogel aussah, und er regierte ursprünglich ein Land, dessen Untertanen Vögel waren. Er beaufsichtigte den Herbst und den Sonnenuntergang, um jeder Unregelmäßigkeit vorzubeugen; sein Sohn und Gehilfe war der Gott des Metalls.

Der Süden war das Herrschaftsgebiet eines Gottes mit einem Stierkopf. Er wachte über den Sommer, kümmerte sich um die Sonne, und der Gott des Feuers assistierte ihm. Als Gott der Heilmittel lehrte er die Menschen, die »fünf Getreidepflanzen anzubauen« und sie auch zu »verteilen«, das heißt auf dem Markt zu verkaufen. Darüber hinaus lehrte er sie die Zeitrechnung nach dem Sonnenstand.

Im Norden schließlich residierte ein Gott mit menschlichem Antlitz ähnlich dem seines Vaters, aber er hatte eine Schweineschnauze und Schweinsfüße. Mit dem Gott des Wassers, dem des Meeres und dem der Winde beaufsichtigte er den Winter. Ihn wählte Huang Ti nach dem Aufstand der Menschen zu seinem Nachfolger, und er war es auch, der zur Strafe der Menschen die Verbindung zwischen Himmel und Erde abbrach; so konnten die Menschen höheren Ranges nicht mehr zu den Göttern aufsteigen, sie hatten keinen Zugang mehr zum Himmel; dafür stiegen dann aber die besorgten Götter auf die Erde herab, um mit den begabten Menschen Kontakt aufzunehmen.

Über Attribute, Aussehen und Funktionen der vier *Bacab* der Maya wissen wir recht wenig. Es bleibt noch die Übersetzung des Madrider Codex abzuwarten. Blatt 88 (siehe Nr. 54) liefert jedoch zumindest Ansätze zur Interpretation. Das Folgende ist also mit Vorbehalt zu lesen.

Die vier Atlanten, die den Himmel tragen, hatten, wie auch die vier chinesischen Götter der Himmelsrichtungen, jeweils eine bestimmte Farbe. Vier kurze Schriftsäulen werden von der entsprechenden Himmelsrichtung eingeleitet; von links nach rechts folgen Osten, Norden, Westen und Süden. Darunter sind die *Bacab* abgebildet. Der *Bacab* des Nordens hat aber nicht, wie behauptet wurde, den Körper eines Kaninchens – im Pariser Codex (Blatt 5) findet sich eine sehr gelungene Zeichnung von ihm mit seinen langen Ohren –, sondern den eines Jaguars mit ringförmigen schwarzen Flecken. Der Gott des Nordens hat einen Schweinskopf und Schweinsfüße: Es gab aber im präkolumbianischen Amerika keine Schweine. Der Jaguar beherrschte das indo-amerikanische gesellschaftliche Leben ebenso wie das Schwein das gesellschaftliche Leben in China. Die Raubkatze sitzt auf der Schildkröte, die die Ewigkeit verkörpert und – laut C. M. – in enger Verbindung zu den Göttern steht. Die beiden Tiere zusammen deuten also offenbar auf die Verbindung zwischen den beiden Welten hin.

»Norden« wird mit den Zeichen für *Chilan* (Nr. 143) und für »hören« (Nr. 22) geschrieben, also wörtlich »der *Chilan* hört«. Der folgende Text berichtet von einem »Ritual«, vielleicht für »den Weg« oder »das Band zwischen der himmlischen und irdischen Welt« (Nr. 85). Der entsprechende chinesische Gott des Nordens hat den Menschen höheren Ranges vorsorglich die Kommunikation mit den Göttern gesichert.

71

Der *Bacab* des Südens (4. Säule, Winter) ist durch den Vogel *Moan* symbolisiert, wie er am häufigsten in C. M. dargestellt wird. Er sitzt auf dem Zeichen »die Toten«, das er beschützt. Man denke an die von mir vorgeschlagene Entzifferung des Zeichens für Süden, das magische Funktion hat wie das entsprechende Zeichen im Chinesischen: »Tempel« (Nr. 121) mit dem Zeichen »Federn« oder »Flügel« darüber (Nr. 42) oder mit dem zusätzlichen Zeichen »Ritual«. Darauf folgt die Beschreibung eines heiligen Ablaufs durch die »Lebenskraft der Erde«. Der chinesische Gott des Südens beaufsichtigte den Sommer und den Getreideanbau. Es scheint also aus klimatischen Gründen eine Umkehrung der Reihenfolge von Sommer und Winter stattgefunden zu haben.

Der *Bacab* des Ostens tritt häufig und in den verschiedensten Texten auf; angeblich repräsentiert er den Tod. Ein menschlicher Körper hockt in Ruhestellung mit über den Knien gekreuzten Armen, anstelle des Kopfes befindet sich ein im Verhältnis zu kleiner schwarzer Halbkreis, geschmückt mit einer gepunkteten Girlande, der an den umgekehrten oberen Teil des Zeichens »Überfluß« erinnert (Nr. 71); vielleicht ist es das schlafende Samenkorn in der Erde, das den Sommerregen erwartet, um sprießen zu können. Wahrscheinlich ist, wie im Chinesischen, der Frühling gemeint.

Der *Bacab* des Westens scheint ein menschliches Gesicht, die Klauen und vielleicht den Schwanz eines Vogels zu haben. Sein weit geöffneter Mund speit Flammen – in der Originalzeichnung rote –, was an den chinesischen Vogelgott des Westens und seinen Sohn, den Gott des Metalls, erinnert, der ja sicher das Feuer für die Schmiede oder die Gießerei fordert. Das Auftauchen des Schildkrötenkopfes sowohl in der Textsäule für Osten wie auch für Westen vermag ich bisher nicht zu deuten. Osten und Westen umfassen den ewigen Lauf der Sonne. Die Schildkröte ist, wie wir sehen werden, in dem hier beschriebenen Ritual ebenso wie in China ein Symbol für die Dauer, das lange Leben. Wie Granet in seinen Büchern so hervorragend beschreibt, waren Frühling und Herbst die beiden wichtigsten Jahreszeiten im Leben der alten Chinesen; sie nährten die Hoffnung auf das Kommende. Das wiederholte Auftauchen dieses Zeichens mag auf einer solchen Zuversicht beruhen. Es besteht jedoch kein Zweifel, daß die vier Gottheiten, die nicht nur die Himmelsstützen, sondern auch die vier Jahreszeiten und die Fruchtbarkeit symbolisieren, für die Chinesen und die Maya dieselben Funktionen hatten und daß es sich hier wie dort nur um zwei Versionen ein und derselben Grundvorstellung handelt.

Den toltekischen und aztekischen Priestern waren die vier *Bacab* ein Dorn im Auge, und sie versuchten mit aller Gewalt, sie zu entthronen. Nach der (sicherlich verfälschten) Überlieferung des *Chilam-Balam von Chumayel* sind es die vier *Bacab*, die die Zerstörung der vorletzten der vier Schöpfungen (nach der aztekischen Mythologie) einleiten. An ihre Stelle wurden nun vier *Ceiba*-Bäume (*Imix yaxche*, »Bäume des Überflusses«) gesetzt, die von nun an nach der aztekischen Vorstellung den Menschen die Nahrung sichern, denn bei den neuen Herren stützten vier Weltbäume den Himmel. Wie es bei vielen Religionen üblich ist, die eine andere überlagern, wurden den Göttern, die verbannt werden sollten, schlechte Eigenschaften zugeschrieben, während man ihre guten Eigenschaften ihren Nachfolgern beigegeben hat. Der Weltenbaum wurde sehr geschickt dem traditionellen *Ceiba* der Maya angeglichen, der damit seine Bedeutung gänzlich verlor.

Betrachten wir uns die Schöpfungsgeschichte der Maya, wie wir sie aus einem Vergleich gesicherter Maya-Quellen mit den chinesischen Quellen erschließen können, nun etwas näher, und halten wir uns dabei ein wichtiges Detail vor Augen: Nach einer gut belegten Überlieferung waren die *Bacab* mit einem Schildkrötenpanzer bekleidet. In der chinesischen Volksmythologie wurde der Himmel ursprünglich, als die Göttin Nü Wa Schlamm zerrieb und daraus die Menschen schuf, von einem Pfeiler gestützt. Darauf brach auf der Erde zwischen dem Gott des Feuers und dem Gott des Wassers ein Krieg aus. Der Gott des Wassers unterlag und versuchte, Selbstmord zu begehen. Dabei stieß er an den Pfeiler, der den Himmel stützte, und zerbrach ihn. Ein Teil des Himmels stürzte ein. Von Löchern durchbohrt, grub er Spalten in die Erde. Da griff die Schöpfergöttin ein, um das Unheil wiedergutzumachen. Sie holte Steine aus den Wasserläufen, schmolz sie im Feuer und verstopfte damit die Löcher. Dann tötete sie eine Schildkröte, schnitt ihr die vier Beine ab und benutzte sie als Stützpfeiler für die vier Enden der Erde. So ist also das Wasser, eine Sintflut, hier wie dort für die Katastrophe verantwortlich, nicht etwa die *Bacab*, und der Schildkrötenpanzer, das Kleid der *Bacab*, oder die Schildkrötenpfoten in China trugen schließlich den Himmel.

Unterhalb der Welt der Götter gelegen, ist die sublunare Welt der Zeit unterworfen; sie wird in der Schrift der Maya durch das Zeichen *tun* (Nr. 49) symbolisiert. Analysieren wir dieses Zeichen, so erweist es sich als sehr aufschlußreich. Das untere Feld erinnert aus der Nähe betrachtet an das Zeichen »Himmel«, also die Leiter oder den Gipfel eines Gebirges, während im oberen, in der kleineren inneren Kartusche, zwei dicke, senkrechte Striche liegen, zu beiden Seiten mit sehr feinen oder auch gepunkteten Linien versehen, die auf den heiligen Charakter des Gegenstandes hinweisen. Das altchinesische Zeichen für die »Erde« der Menschenwelt – gleichzeitig für »kostbarer

Stein« – bestand aus einem waagrechten Strich, der Höhe bzw. Erhöhung symbolisierte, einen Hügel oder ein Gebirge, über dem sich ein aufrecht stehendes Oval erhob. Letzteres wird als Zeichnung des heiligen Steins interpretiert, der auf dem Gipfel eines Hügels errichtet ist, um den äußersten Punkt der Erde zu kennzeichnen, den Ort, wo sie die himmlische Welt berührt.

Tun, in der Kalendersprache »Zeit«, »Dauer«, bedeutet in der Maya-Sprache gleichzeitig »Stein, gewöhnlicher oder kostbarer Stein«, und kostbare Dinge waren immer heilig. Es ist also anzunehmen, daß die beiden dicken Striche in der oberen Kartusche das Monument, den aufgerichteten Stein, eine Anhöhe oder Säule bedeuten, die die Grenze zwischen irdischem und himmlischem Herrschaftsgebiet symbolisieren.

Die Figuren auf den oberen Bildreihen in unserem Manuskript sitzen immer auf einem übergroßen *tun*-Zeichen; es sind immer Wesen – entweder mythische Wesen, Tote oder Priester in Trance –, die die Welt transzendiert haben. Das Zeichen *tun* kennzeichnet die Grenze zwischen den beiden Sphären.

Noch unterhalb dieses Bereiches liegt der Erdboden. Dank Landa kennen wir das Schriftzeichen, das ihn bezeichnet (Nr. 50). Es zeigt eine Tiersilhouette, die einige für eine Schlange, andere für ein Krokodil halten. Im Dresdner Codex ist das Zeichen unzweideutig mit einem Krokodilkopf verbunden, jedenfalls aber mit einem derartigen Ungeheuer, auf dem der Gott sitzt, wenn er die rituelle Aussaat vornimmt. Das Ungeheuer *ist* der Erdboden. Im Madrider Codex kommt es aus dem Bauch des Todesgottes und speit Feuer oder Wasser. Und der *Chilam-Balam* spricht vom »Krokodil im Haus des Rieselns«, das ist der untere Himmel, aus dem der erquickende Regen fällt. Man könnte dieses Ungeheuer also auch als den Drachen ansehen, der sich mit den Wolken identifiziert und fruchtbringenden Regen über die Erde ergießt.

Nur von der Vorstellung des Drachen ausgehend, läßt sich das Schriftbild hinreichend erklären, das einen länglichen großen schwarzen Kopf zeigt sowie einen waagrechten, leicht wellenförmigen Körper, von dem ein langer Schwanz nach unten hängt bis zu einer Art zickzackförmigem X, das vielleicht den Regen verheißenden Blitz vorstellen soll. Am Hals liegt noch ein Halbkreis, er reicht aber weniger tief; vielleicht ist er der Unterkiefer oder das Feuer bzw. Wasser, das das Ungeheuer speit.

Unter den zahlreichen altchinesischen Drachen-Zeichen finden wir eines (unter Nr. 50), das mit dem Maya-Zeichen identisch ist. Dem in China schon immer sehr beliebten Drachen ist eines der populärsten Volksfeste gewidmet: Ein Papierdrache steigt in die Luft, und alle schreien: »Da kommt der Regen!« Der Drache ist der wahre Herr der Erde, ohne sein Wasser oder Feuer wäre sie unbelebt und unfruchtbar.

Die Wolken haben bei beiden Völkern ein anderes Zeichen, wieder aufgrund derselben Symbol-Vorstellung. Das Kalender-Zeichen für den Tag *cauac* (Nr. 60) heißt im Textzusammenhang in etwa »schlechtes Wetter, Regen, Sturm«. Im Altchinesischen zeigt das Zeichen für Wolke einen Behälter mit Wasser, von dem eine Spirale nach unten geht, vielleicht Regentropfen oder der Blitz. Das Maya-Zeichen besteht aus zwei oder drei Reihen solcher Behälter; sie sind am Horizont aufgehängt, der sich rechts ganz plötzlich zur Erde und zu einem zickzackförmigen X herabneigt. Das Regenwasser hängt also am Himmel, genauer ausgedrückt, es schwebt in den Wolken.

Aber die Maya-Schrift ist immer symbolisch, benutzt häufig Anspielungen. Wenn das Zeichen auch manchmal die Wolken darstellt, die der *Chilan* für die Menschen herbeiruft (C. P. 9), so beschreibt das Zeichen in unserem Text jedoch häufiger eine rituelle Wolke. Eines der am meisten durchgeführten Rituale ist die Darbringung von Weihrauch, die heute noch bei den Lacandonen stattfindet und früher, wie man aus den spanischen Quellen weiß, bei den präkolumbianischen Maya immer wieder vollzogen wurde. In Kultgefäßen oder einem Kohlenbecken wird Kopalharz verbrannt, manchmal ist es mit anderen Harzen vermischt. Dabei steigt dann eine Wolke zum Himmel auf. Wenn sie die Forscher richtig informierten, dann bedienen sich die letzten Lacandonen dieses Rituals nur, um durch einen offensichtlichen Sympathie-Zauber den Regen anzuziehen. Die alten Maya benutzten das gleiche Ritual für alle möglichen religiösen Zwecke. »Wolke« bedeutete meines Erachtens in C. P. meist »Ritual des Weihrauchverbrennens«.

Eine ähnliche Verschiebung erklärt eines der häufigsten Zeichen. Es wurde recht gut, aber noch mit gewisser (begreiflicher) Unsicherheit mit »Überfluß, Wasser, Regen« übersetzt (Nr. 71). Wenn eine sorgfältige Zeichnung vorliegt, ist oben in der aufrecht stehenden Kartusche ein großer schwarzer Punkt zu sehen, den ein gepunkteter Halbkreis nach unten abgrenzt. Im unteren Teil steht eine Reihe mehr oder weniger paralleler senkrechter Striche. Manchmal sind sie unterschiedlich lang, wobei dann die kürzeren Striche übereinanderstehen. Sie scheinen Regen darzustellen – ähnlich wie im Chinesischen –, der sich aus einer weiblichen Brust am Himmel ergießt: Als Kalenderzeichen wird das Zeichen *immix* gelesen; in der Umgangssprache bedeutet *im* »Brust, Busen«. Im Gegensatz zum Chinesischen, wo das Zeichen auf die Bedeutung »Regen« beschränkt ist, ist seine Bedeutung bei den Maya erweitert: Wasser bringt Fruchtbarkeit und also Nahrung, Überfluß hervor, die letztlich göttlichen Ursprungs sind.

Die meisten indo-amerikanischen Kulturen symbolisieren die Erde durch das Quadrat, dessen Seiten jeweils einer Himmelsrichtung und einer bestimmten Farbe zugeordnet sind. In bezug auf diese Übereinstimmung, die immerhin erstaunlich ist und an einen gemeinsamen Ursprung der Kulturen denken ließe, machen die Maya jedoch eine Ausnahme. Für sie gibt es noch einen fünften Ort, das Zentrum, durch das die Weltachse geht und das den Nabel der Welt darstellt. Es hat eine eigene Farbe, wie bei den alten Chinesen. Funktion und Farben dieses Zentrums sind bei beiden Völkern zwar verschieden, aber dafür gibt es vielleicht eine Erklärung.

In China entspricht der Norden der schwarzen Farbe, der Schildkröte und dem Tod, der Westen der weißen Farbe und dem Tiger, der Süden der roten Farbe und dem Phönix, der Osten der blauen Farbe und dem Drachen, während das Zentrum gelb und dem Kaiser zugeordnet ist, dem Nabel der Menschen-Welt. Die Maya verlegen die schwarze Farbe und den Tod in den Westen; in China kommen die unheilvollen Winde nämlich aus dem Norden, im Land der Maya kommen sie aus dem Westen. Für den Maya ist das Zentrum grün wie der *Ceiba*, der die Erde mit dem Himmel verbindet. In China bringt der blaue Drache des Ostens den erquickenden Regen, im Land der Maya ist der rote Osten mit dem Zeichen *kan*, »Fruchtbarkeit«, verbunden und mit der Ackerbaugottheit *Bolon Tz'a-cab*; der schwarze Westen mit den Zerstörung bringenden Winden, die Quelle des Unheils, der Aufenthalt der Toten, liegt gegenüber. Ich schließe daraus auf eine absichtliche Änderung, die die Maya mit ihrer alten Religion zur Anpassung an die klimatischen Verhältnisse ihrer neuen Umgebung vorgenommen haben. Sicher bleibt, daß sich die Tradition im großen und ganzen erhalten hat. Wie ehemals teilen die Landbewohner in Yucatan den Raum, die Felder, das Dorf, die ganze Erde nach den vier Himmelsrichtungen ein, die sie die vier Winde nennen. Ost- und Nordwind bringen den Regen, wobei der Osten bevorzugt wird; die Gebete richten sich immer nach Osten, zum »großen Osten« (*noh lakin*). Dort wohnen die *Chaac*, die Regengötter, auch heute noch »während der trockenen Jahreszeit, ganz weit oben im Himmel«. »Im Osten gehen Sonne, Mond und Sterne auf, aus dem Osten kommen Wolken und Regen. Daher sind auch alle Altäre gen Osten gerichtet.«[3]

Es gibt noch geheimnisvollere Beziehungen zwischen Himmel und Erde. Die Tatsache, daß die Bewohner von Yucatan trotz ihres Niedergangs und der christlichen Einflußnahme bis heute eine so subtile philosophische Auffassung bewahrt haben, ist wirklich erstaunlich.

Sie halten das Oben für positiv, also aktiv, und das Unten für negativ, also passiv. Diese Teilung der kosmischen Kräfte kennen auch die Chinesen, die alle Dinge zwischen zwei Polen aufteilen, dem positiven, aktiven oder männlichen *Yang* und dem negativen, passiven oder weiblichen *Yin*; der Himmel ist *yang*, die Erde ist *yin*.[4] In der alten Schrift verweisen die Zeichen, die dann später die beiden berühmten Wörter bilden, deutlich auf eine religiöse und magische Welt, auf eine »Herabkunft« des Gottes zur Erde in beiden Fällen sowie auf die hohe Verehrung des Kostbarsten, was die Menschen diesem Gott anzubieten haben, des Lebens für *Yang* und der Wolken für *Yin*.[5]

In einem durch und durch religiösen Umfeld findet man hier das Positive und das Negative wieder, über das sich chinesische Philosophen vor Laotse und Kungfutse mit Vorliebe verbreitet haben.

Da die Maya sowohl dem Ackerbauleben als auch dem religiösen Leben näher blieben, bewahrten sie die ursprünglichen Auffassungen bei. Aber sie gründeten darauf auch eine Einteilung aller Dinge auf rituellem Gebiet. Heute noch teilen sie alle Dinge der Natur, vor allem die Pflanzen, in eine »kalte Kategorie« (*zig u cuch*) und in eine »warme Kategorie« (*choko cuch* oder *kinal cuch*) ein, nicht, wie die Landbewohner von Yucatan erklären, aufgrund ihrer Temperatur, sondern weil sie gut sind gegen Fieber oder schlecht bei Erkältungen, oder weil sie grün und frisch sind und an das Wasser erinnern. Alle Opfergaben für die traditionellen Riten – die nicht von einem christlichen Priester durchgeführt werden, sondern ausschließlich von darin geübten Bauern, die wohl von den Maya-Priestern abstammen – müssen aus der »kalten Kategorie« sein. Die »kälteste« Pflanze schmückt den Altar für die Zeremonien zu Ehren des Regengottes. Auch die dargebotenen Nahrungsmittel werden kalt oder warm genannt, je nachdem, in welchem Gefäß sie gekocht wurden. Die Maya-Bauern erklären sich diese merkwürdigen Unterscheidungen damit, daß die »kalten« Pflanzen den Regen symbolisieren, weil sie in der Nähe von Teichen wachsen und daher Pflanzen der *Chaac,* der Regengötter, sind. Es handelt sich hier offenbar um eine Fortdauer der archaischen Glaubensvorstellungen, welche auf einer Beobachtung der verborgenen Kräfte und Kraftströme in der Natur beruhen – Vorstellungen, von denen die Chinesen ihre gesamte Philosophie herleiteten und die auch das Fundament für die Weltsicht der Maya darstellen.

Anmerkungen

1 Yuan Ke, *Chugoku Kodai shinwa* (»Die Mythologie im alten China«), japanische Übersetzung Tokyo 1960, originalchinesische Ausgabe Shanghai 1957.

2 Man beachte die erstaunliche Parallele etwa mit der hebräischen Genesis; es gibt deren noch mehrere.

3 Redfield, a. a. O.

4 »Aus dem Chaos wurden zwei Gottheiten geboren, von denen die eine den Aspekt des *Yin*, die andere den des *Yang* hatte. Sie bemühten sich sehr um die Verwaltung von Himmel und Erde, und so wurden *Yin* und *Yang* schließlich voneinander getrennt und acht Himmelsrichtungen festgelegt. Die Gottheit *Yang* verwaltete dann den Himmel, und die Gottheit *Yin* verwaltete die Erde.« (*Huai nan zi*, Buch aus dem 2. Jh. v. Chr.)

5 Beiden Zeichen ist die Leiter gemeinsam, auf der der Schatten Gottes herabsteigt. *Yang* zeigt gegenüber der Leiter einen Kreis mit einem Punkt in der Mitte, darunter eine Auflage, die wahrscheinlich den Altar darstellt. Der Kreis wird für eine Darstellung der Jade gehalten, die in der alten Zeit rundgeschliffen und in der Mitte durchbohrt wurde – ist es eine Anrufung Gottes durch die kostbarste Opfergabe? Diese wird aber gewöhnlich durch eine Muschel dargestellt, während der Kreis mit dem Punkt in der Mitte an anderer Stelle »Ursprung«, »Leben« bedeutet. Im Zeichen *Yin* steht neben der Leiter das abgekürzte Zeichen für Wolke, also Fruchtbarkeit.

5.
DER CHILAM-BALAM,
DER MITTELPUNKT DER MAYA-WELT

Der *Chilam* oder *Chilan*, auch *Chilam-Balam* oder Seher-Jaguar genannt (das Wort wird meistens mit »Sprachrohr der Götter« übersetzt), kann bis zu einem gewissen Grade mit den römischen Auguren oder der griechischen Pythia verglichen werden. Er war jedoch viel enger mit dem religiösen Leben verbunden als diese Orakel; seine Mission war es, die Toten zu leiten – wie der tibetanische Lama im *Bardo Thödol*, dem »Totenbuch der Tibeter«. Die beiden Bilder, mit denen er dargestellt wird, sind falsch interpretiert worden. In der Gestalt des *Chilan* (Nr. 143)[1] wurde ein Gott, in der des *Chilam-Balam* (Nr. 150) eine Jaguar-Variante gesehen. Beide Bilder weisen einen dicken Strich oder zwei parallele Linien auf, die dem Bogen der Augenbrauen folgen und dann rechts zu den Mundwinkeln abfallen. Von da aus gehen zwei dicke Punkte oder schwarze Striche von den Parallel-Linien wie Strahlen zum Hinterkopf hinauf. Es scheint sich um einen Kopfschmuck zu handeln.

Was aber noch wesentlicher ist: Der Mund des *Chilan* ist fast immer übergroß und klafft auseinander – meist entsteht eine fast rechteckige Form; denn der *Chilan* ist ja der Mund der Götter, deren Worte er weitergibt.[2] Er fungierte als Orakel; dem Blick der Gläubigen entzogen, befand er sich in der Dunkelheit des Tempelinnern, wo er in Trance auf dem Boden lag. Mit lauter Stimme verkündete er die Botschaften des Himmels in einer entrückten Sprache, die dann interpretiert wurde.

Aus der Tradition erfahren wir nicht sehr viel mehr über

den *Chilan*. Im Dresdner Codex (C. Dr. 28) ist jedoch ein wenig beachtetes, sehr lebendiges Bild des *Chilan* in Ausübung seines Amtes erhalten. Ganz oben auf der Seite – am höchsten Punkt des Himmels – sitzt mit segnender Geste der »Herr« auf seinem himmlischen Thron. In der Mitte ist eine Gottheit mit durchdringendem Blick zu sehen, deren Auge durch eine Binde sichtbar wird und die Pfeile nach unten schickt, wahrscheinlich den Regen verheißenden Blitz. Ganz unten liegt eine Gestalt, die zweifellos der *Chilan* ist, auf dem Boden: Sein Blick weist zum Himmel, sein großer Mund ist weit offen, und auf der Stirn trägt er Ehrenzeichen, die dem Schriftzeichen für *Chilan* sehr ähnlich sind.

Aus dem Pariser Manuskript erfahren wir, daß er eine wesentliche Rolle im Prozeß der zyklischen Wiedergeburten spielt. Er ist es, der auf allen Ebenen und in allen Phasen der Reise der Verstorbenen zwischen zwei Existenzen eingreift. Im gesamten Text wird ihm eine außergewöhnliche seherische Gabe zugeschrieben. Er tritt mit den Verstorbenen in geistigen Kontakt und führt hauptsächlich die göttliche Weisung aus: »Rufe die Toten, die in Lethargie sind.« In einem eindrucksvollen Piktogramm »ruft er sein Gebet« zum Himmel (Nr. 144); aus seinem Mund kommt eine doppelte gepunktete Linie, erst als waagrechte Röhre, dann steigt sie senkrecht zu einem halb vogelähnlichen, halb abstrakten Zeichen auf der Höhe seiner Stirn, das ich als »Gebet« lese (Nr. 108). Die anderen Priester oder die Laien verehren die Götter ganz anders: Je nachdem haben sie einen oder beide Arme zum Gebet erhoben, eine sehr bekannte Gebetshaltung, die auch in der altchinesischen Schrift vorkommt (siehe Nr. 107). Sie haben keinen so unmittelbaren Kontakt mit dem Himmel oder den Toten.

Der *Chilan* kann seine Gedanken direkt in die Seele des

Der himmlische Chilan überträgt den noch ungeformten Lebewesen (Menschen, Tiere, Pflanzen – symbolisiert durch einen menschlichen Kopf, noch ohne Gehirn und Augen) in einem himmlischen Ritual die Lebenskraft. (Aus C. M. 96)

Toten übertragen oder auch seine Botschaft direkt empfangen, seinen unbestimmten oder deutlichen Wunsch, erneut einen menschlichen Körper zu finden. Auch kann er das Licht sehen, das die Toten aussenden. Durch seine Vermittlung kann die Welt der lebenden Menschen »die sublunare Welt anrufen« (Nr. 31) und die gesuchten Toten wahrnehmen, um sie anzuziehen. Er kann also mit einem bestimmten Geist unmittelbar persönlichen Kontakt aufnehmen. Außer dem Piktogramm (C. P. 7), auf dem er mit dem Verstorbenen durch eine Röhre in Verbindung steht, die die beiden Gehirne verbindet, zeigt ihn ein anderes (C. P. 8) auch hinter einer Gruppe von Zeichen, die mit seinem Mund verbunden ist, und in etwa bedeutet: »der *Chilan* (oder Priester in Trance) übermittelt dem Bewußtsein des toten Wesens den Schutz des Tempels«.

Manchmal wird die Fähigkeit, Botschaften von Toten oder Göttern zu empfangen, dadurch betont, daß das Ohr unverhältnismäßig groß oder umgekehrt gezeichnet ist, oft auch noch verziert mit einer gepunkteten Linie als Zeichen für das Heilige oder Geistige, wie es auch bei den Priestern der Fall ist, die über seherische Gaben verfügen oder himmlische Stimmen hören können. (Siehe das ähnliche Symbol in der altchinesischen Schrift unter Nr. 129.)

Der *Chilan* spielt aber nicht nur die passive Rolle des Nachrichtenübermittlers, er ist auch ganz aktiv eine Art kosmischer Arzt. Selbst wenn er nur gelegentlich in Aktion tritt, ist seine Funktion eine dauerhafte, er stellt eine ständige Verbindung dar. »Die geläuterten Toten im Vorhimmel hören«, sie halten Ausschau nach Signalen von der Erde, und sie erhalten deren auch wirklich eine ganze Menge, sie können unter Umständen die Anrufungen des *Chilan* vernehmen. Die Toten ihrerseits scheinen ein Licht auszusenden, von dem noch die Rede sein wird; wie ein Medium nimmt der *Chilan* es wahr.

Im Tempel, dem Ort all dieser Rituale, ist die Macht des *Chilan* und auch die der anderen Priester konzentriert, »es ist der Tempel, der die Zeugung lenkt« (C. P. 11). Er garantiert die Rückkehr der Toten. Die Sehergabe ist allerdings nicht nur dem *Chilan* vorbehalten, es gibt eine ganze Reihe von Sehern, Priester und heilige Tiere, allen voran der Hund und der Jaguar. Sie alle arbeiten mit beim Einfangen oder »Fischen« der Seelen (so in C. P. 5), der vorletzten Phase vor der Reinkarnation. Der *Chilan* aber steht über allen, er ist der Meister, der alles Handeln bestimmt.

Wenn eine Frau empfangen will, muß sie erst einmal ein Gebet verrichten. »Die Frau betet vor dem Grab« (C. P. 3), um die Seele eines Verstorbenen anzuziehen. Ihr Gebet ist aber nur die Eröffnung der heiligen Handlungen im Tempel, deren letzte die Erweckung des Toten durch den *Chilan* ist, der ihn durch die Rituale zur Wiedergeburt führt.

Erst einmal sichert er die Läuterung des Toten, der schwer und umnachtet ist durch die während seines Lebens angehäuften »Verfehlungen« (Nr. 126)[3] und gereinigt werden muß, um den geistigen Erleuchtungen zugänglich zu sein, die ihm weiterhelfen. »Im *Chilan* werden die Opfer [zur Reinigung] der Verfehlungen gehört« (C. P. 9), und der Himmel nimmt sie wahr. (Diese Vorstellung hat sich, vermischt mit christlichen Elementen, in Yucatan erhalten.) Nach dem Tod »wird üblicherweise eine Gebetsnovene abgehalten. Am dritten und siebten Tage nach dem Tod« – die Zahlen 3, 7 und 9 hatten in den Ritualen der alten Maya eine hohe Bedeutung – »wird in der Sterbestunde des Toten ein Gebet abgehalten. Man nimmt an, daß das Gebet des dritten Tages der Seele ihren körperlosen Zustand offenbart.«[4]

Nach noch lebendigen Bräuchen kommt »die Seele, wenn sie zum Bewußtsein (ihres körperlosen Zustandes) gelangt, an diesem dritten Tag zurück und hält sich bis zum siebten Tag in der Nähe ihrer früheren Behausung auf. Während dieser Zeit darf das Haus nicht gekehrt werden: Man ist nämlich der Ansicht, daß die Seele ihren Körper im Augenblick des Todes vollkommen rein verläßt, daß sie jedoch zurückkommen muß, um ihre Sünden abzuholen und sie vor Gericht zu tragen. Diese sind mit den Ausscheidungen des Körpers des Verstorbenen in seinen Kleidern und in seiner Hängematte zurückgelassen worden, und da die Seele ihre Sünden aus diesen Ausscheidungen holen muß, darf also nicht gekehrt werden. Die Gebete am siebten Tag übergeben dann die Seele Gott, und gleich danach wird das Haus wieder gekehrt.«

Bei diesen sehr eigenartigen Vorgängen ist unschwer festzustellen, was alt und was christianisiert ist. Die alten Reinigungsriten waren um so wirksamer, als, wie im Manuskript immer wieder betont wird, die nicht gereinigten Toten in Lethargie »in der sublunaren Welt« sind, in der hiesigen Welt »in der Nähe ihrer alten Behausung«, wie die heutigen Informanten sagen.

Auch was die besonderen Rituale für die toten Kinder betrifft, überschneiden sich die heutigen Informationen mit dem entzifferten Text des Pariser Codex. Das Reinigungsritual hat dort unmittelbar »die Herabkunft des Herrn« zur Folge, der die Reinkarnation bewirkt; weitere Interventionen sind nicht mehr nötig. So als handle es sich um eine abgekürzte Prozedur, konzentriert der Text (C. P. 5) hier in einer einzigen Zeile den ganzen Vorgang von der ersten Anrufung des toten Kindes bis zur Einführung seiner Seele in den Mutterschoß durch die Fürsorge des mythischen Vogels *Moan*: »Das Ritual der Blutentnahme für die toten Kinder, die Opfer für die Reinigung von Sünden und das Gebet für die Herabkunft des Herrn bitten den *Moan*, die Seele in den befruchteten Schoß zu tragen.«

Nach der unvermeidlichen Übernahme dieser Vorstellung in die christliche Auffassung – erleichtert durch die Bibelworte »Lasset die Kindlein zu mir kommen . . ., denn ihrer ist das Himmelreich« – finden wir zwar in dem noch lebenden Glauben die Erinnerung an ein bevorzugtes Los der Kinder wieder, die Wiedergeburt aber ist durch die ewige Seligkeit ersetzt: »Es ist nicht gut, zu weinen, wenn der Tod naht, denn das könnte die Seele aufhalten. Ganz besonders, wenn ein Kind stirbt; denn jedes Kind ist ein Fürsprecher für die Eltern in seiner ewigen Seligkeit (Himmel) und wird in die ewige Seligkeit aufgenommen; später wird es zu den weinenden Eltern zurückgeschickt. . . . Eure Tränen, so sagt man, benetzen den Weg in die ewige Seligkeit. Aber ein Kind erreicht den Himmel schnell; sind die ersten Tage [nach dem Tod] einmal vorüber, ist es gut, zu weinen.«[5]

Bei den Erwachsenen sind die Vorgänge offenbar weit

schwieriger und erfordern sehr viel mehr Zeit. Ist das Bewußtsein des Verstorbenen einmal geweckt, so muß es erleuchtet werden; das Licht muß entzündet werden, das es aussenden soll und das allein vom *Chilan* wahrgenommen wird. Wenn der Tote nur die unbestimmte Sehnsucht nach Wiedergeburt hat, braucht er Hilfe, damit seine Sehnsucht Form annehmen kann und zur Erde geleitet wird, an der er den Geschmack verloren hat. Nur der *Chilan* in Trance kann ihm diese Hilfe bringen: »Angesichts der Magie der Ekstase ist der erleuchtete Tote im [Bewußtsein des] *Chilan*« (C. P. 9). Der *Chilan* sieht ihn im Geiste. Er empfindet seine Strahlen und arbeitet mit dem »Priester der Toten« zusammen, um »die Seele einzufangen« (C. P. 7), die aus der Geisterwelt hervortritt wie der Schmetterling aus der Puppe.

Der geopferte Hund (mit den vorstehenden Rippen), der die Fruchtbarkeit anruft (Zeichen für »Ton«, das aus seinem Mund kommt). Die Fruchtbarkeit wird von einer Gottheit gewährt, die Maiskörner in das Gefäß wirft. (C. M. 37)

Denn die Wiedergeburt des Menschen vollzieht sich, genau wie die der Pflanzen, nur durch einen Kontakt mit dem Erdboden. In dem geistigen Bereich, in dem der Gestorbene nach seiner Metamorphose nun als Seele lebt, hat dieser Kontakt die Form einer einfachen Versuchung, wie uns der Text sagt, der, »die Erde zu erkennen (wieder-zuerkennen)«. Durch den *Chilan* angezogen, »hört sie das Ackerbauritual« (u. a. C. P. 4), das wie ein Zauber wirkt. Derart in Versuchung geführt, läßt die Seele sich ergreifen und in den bereits wartenden Mutterschoß überführen. Diese Übereinstimmung des Vorganges der Wiedergeburt in das Fleisch mit dem der Wiedergeburt in die Erde ist eine bis heute lebendig gebliebene Eigenart des Denkens der Maya. Erde und Mutterschoß sind zwei Aspekte ein und derselben Fleischwerdung. Daher wirkt auch hier wieder der *Chilan* auf beiden Ebenen gleichzeitig, fast gleichartig, so daß das Zeichen für den keimenden Mais die Fruchtbarkeit in allen Bereichen symbolisiert. Beide werden zu einer einzigen Apotheose des *Chilan*: »Im *Chilan* wird [vom Himmel] das dreifache Gedeihen gewährt.« »Im *Chilan* (werden) die Wolken und der [männliche] Samen« gewährt (C. P. 9). Der *Chilan* überbringt dem Himmel die Bitten der Menschen um das neue Wachstum der Pflanzen und die Reinkarnation, und durch seine Vermittlung gelangen die beiden Auslöser der Fruchtbarkeit zu den Menschen, Wolken oder Regen und der männliche Same.[6] Das ganze irdische und überirdische Leben, der Herrschaftsraum der Lebenden und der vorläufig Toten, ist seinem heiligen Wirken unterstellt. Auf den berühmten Seiten des Codex von Madrid (34 – 37), die, wie man bisher angenommen hat, die Neujahrsfestlichkeiten beschreiben, steht der Kopf des *Chilan* unter den Symbolen, die zwischen der oberen Reihe (Himmel) und der unteren (sublunare Welt) offenbar die Grenze zwischen den beiden Welten andeuten.

Außerdem befindet er sich noch in der einzigen unteren Reihe: Als herausragendes menschliches Wesen bildet er das Band zwischen Menschen und Göttern.

Der *Chilan* erscheint im zweiten Teil des Pariser Manuskripts zweimal mit vasenförmig geöffnetem Schädel, worin wohl die Geistigkeit seines Zustandes gesehen werden muß und was vielleicht auf die Erhebung über die Welt der Lebenden hindeutet. Es scheint den geistigen Zustand des Magiers, der auch im Himmel wirken kann, und seine Identifizierung mit dem betreffenden Zustand des Toten oder der Vegetation anzudeuten.

Wir wissen allerdings nicht, wie der *Chilan* seine Funktionen erwirbt. Sie waren nicht erblich und hingen von einer natürlichen Begabung ab, die ein außergewöhnliches Wesen aus ihm machte, weswegen er auch auf den Schultern seiner Gehilfen getragen wurde. Er mußte gewiß in strenger Askese leben, um die Gabe des Hellsehens, wenn sie sich einmal eingestellt hatte, zu entwickeln und zu bewahren. Sein Beruf war sicher ein anderer als der des Opferpriesters, des *Nacom* zweiten Ranges, der auf Lebenszeit ernannt wurde. Er führte während seiner Amtszeit höchstwahrscheinlich ein ebenso strenges Leben wie der *Nacom* ersten Ranges, der für drei Jahre als militärisches Oberhaupt gewählt wurde und während dieser Zeit jeden Kontakt mit dem Volk meiden mußte. Landa spricht von Fastenzeiten, die der *Chilan* halten mußte wie die anderen Priester.

Der *Chilan* wurde keineswegs, wie seine Gegner zur Zeit der Kolonisation behaupteten, als Götzenbild verehrt, sondern als Dolmetscher und Mund der Götter, der Toten und der Sterbenden. Das Heilige verlangt eine gewisse Abgeschiedenheit, und man muß vorsichtig damit umgehen, wenn es seine Macht behalten soll, eine Macht, mit der in Verbindung zu treten nicht ganz ungefährlich ist. Diese

Auffassung finden wir in allen Religionen, etwa bei den Priestern von Judäa. Das wenige, was wir über Wirken und Schulung des *Chilan* andeutungsweise wissen, ähnelt dem, was ich über die Lebensweise der weiblichen Schamanen (*Itako*) in Erfahrung bringen konnte, mit denen ich in Japan zusammentraf: Nur vorbildliche Weisheit, Tugend, Askese und hingebungsvolle Frömmigkeit erhält ihnen das ganze Leben lang ihre durch schwere Prüfungen erworbene Sehergabe, die sie ebenfalls zu Mittlern zu den Toten macht. Es ist anzunehmen, daß der *Chilan* – wie alle Magier, wie auch die bescheidensten asiatischen Schamanen und wie heute noch bestimmte tibetanische Lamas – gleichfalls derartigen Prüfungen unterzogen wurde, um seine Kunst unter Beweis zu stellen. Eine solche Aufgabe bewältigt man auf die Dauer nicht mit Betrug.

Verständlicherweise hatte es die fortschreitende Christianisierung auf den *Chilan* abgesehen. Im Bewußtsein der Bevölkerung überlebten nur die anderen Priester, weniger mächtig und mit dem Leben der Seelen zwischen Tod und Wiedergeburt nicht so intensiv betraut wie er. Heute vollziehen nur noch besonders dazu befähigte Bauern unter Ausschluß der christlichen Priester die Ackerbauriten. Der *Chilan* selbst ist entmachtet, zum Untergang verurteilt; von ihm sagt man: »Die Seelen der besonders Bösartigen kommen sofort ins *Metnal*, den unter der Erde gelegenen Aufenthaltsort der Dämonen. Alle Zauberer kommen dorthin, sie haben einen Pakt mit dem Teufel geschlossen und ihre Seele verkauft für ihre außerordentlich schwarze Kunst.«[7]

Einst war der *Chilan* die Seele des Maya-Volkes, und so ist es auch nicht überraschend, daß die Prophetien einiger *Chilan*, der sogenannten »*Chilam-Balam*«, als die kostbarsten Güter des Volkes trotz der Kolonisation und der Christianisierung erhalten blieben. Auf dem *Chilan* basierte die Erhaltung der Beziehungen zwischen der menschlichen Gemeinschaft und dem Himmel und das Fortbestehen der menschlichen Gattung. Alle übrigen Kultvorgänge waren lediglich Unterstützung und Ausschmückung seiner heiligen Handlungen. So kommt das Verschwinden des *Chilan* dem Untergang der menschlichen Gemeinschaft gleich.

Anmerkungen

1 In Landas Alphabet wird mit dem Zeichen des *Chilan* auch das lateinische »x« geschrieben, ein Phonem, das in der Maya-Sprache gar nicht existiert (»x« in den Maya-Wörterbüchern wird ungefähr wie »ch« in »ich« gesprochen). Landas Informanten haben offenbar den Klang des »x« mit dem »tch« der Maya-Sprache verwechselt. Diese Meinung vertritt auch Brasseur de Bourbourg, der Entdecker des Landa-Manuskripts.

2 Landa interpretierte seine Funktion dem eigenen Verständnis gemäß: »Das Amt des *Chilan* war es, dem Volk die Antworten der Geister zu übermitteln.«

3 Das Zeichen, das nach Landa *cuch* gelesen wird, kommt mehrmals vor, wohl in diesem Sinn. Aber das Wort hat in der Umgangssprache noch eine andere Bedeutung: »Herrschaft, Regiment.« Es hat auf S. 15 im C. Dr. meistens eher diesen Sinn.

4 Redfield, a. a. O.

5 Redfield, a. a. O. Die Haltung ist vielleicht nicht traditionsgemäß. Landa berichtet lange über die großen Trauerbezeigungen der Überlebenden, die tagsüber still vor sich hin weinen, des Nachts »durchdringende Schmerzensschreie« ausstoßen und sich »Abstinenzen und Fasten für den Toten« auferlegen.

6 *eel*, »Ei, Hoden« (Nr. 8).

7 Redfield, a. a. O.

6.
DER MOAN

Vor und nach der Herabkunft des Herrn in den Vorhimmel ruft der *Chilan* den *Moan* herbei, der die Reinkarnation der Toten vorbereitet und vollendet. Daß dieser mythische Vogel *Moan* oder *Muan* mit dem Schicksal des Toten etwas zu tun hatte, war bekannt; meist glaubte man, er sei sein Begleiter während der Reise durch die Himmelsregionen gewesen. Der Pariser Codex gibt einigermaßen Aufschluß über Rolle, Aussehen, Wesensart und Macht des *Moan*; danach ist er fast ein wenig mit dem Heiligen Geist vergleichbar.

Das Schriftzeichen, das meiner Auffassung nach den *Moan* darstellt (Nr. 105), ist eine Art Taube, die, wie es aussieht, in ihrem Nest sitzt. Der Vogel ist stilisiert, er hat einen kreisrunden Kopf mit zwei Punkten oder zwei kleinen Kreisen als Augen, und immer liegen ein dritter Punkt, ein längliches Rechteck oder eine Linie im Kreis, die den Schnabel andeuten. Eine solche Synthese aus einem halbwegs natürlichen Körper und einem abstrakten Kopf oder Gesicht bedeutet bei den Maya, deren Darstellungsweise im allgemeinen sehr realistisch ist, meiner Meinung nach ein mythisches oder geistiges Wesen. Auf dem Bauch des Vogels zeichnet sich der obere Teil einer Art Zahnrad ab, das dem Sonnenrad sehr ähnlich sieht und das im Dresdner Codex auch ein Kennzeichen der Gottheit ist. Es zeigt wohl die Sehergabe oder das himmlische, feuergleiche Wesen des Vogels an.

In seiner feierlichsten Darstellung hockt der *Moan* auf einem Opfergefäß (C. P. 5) und beaufsichtigt die Erleuchtung des Toten. An anderer Stelle (C. P. 7) scheint er über den soeben Verstorbenen zu wachen. Seine Aufgabe ist nicht einfach nur, die Toten zu begleiten; diese untergeordnete Rolle fällt einem anderen mythischen Wesen zu, dem *Lamat* oder Großen Stern (Venus) (Nr. 104). Der *Lamat* – untere Hälfte des Zeichens für den Planeten Venus – hat das Gesicht einer Hexe mit zwei großen Augen und einer übermäßig großen Nase; er liegt gewöhnlich links neben dem Toten und sieht ihn an. Diese ungewöhnliche Stellung zeigt an, daß er den Sterbenden in die Höhe trägt (C. P. 7). Der *Moan* dagegen beherrscht immer, ob er den Toten führt oder die Seele in einen befruchteten Schoß trägt oder ob er die Opfergabe der Knospe entgegennimmt, das ganze Zeichen.

Im Codex von Madrid kommt in der oberen Reihe von Blatt 34 ein Vogel vor, den ich ebenfalls für den *Moan* halte. Der Körper ist ähnlich dargestellt, und der sehr lange

Drei der acht mythischen Vögel, die die Toten durch den »Zwischen-zustand« geleiten: Moan, Geier und Truthahn (C. Dr. 16, 17).

und gerade Schnabel wird unterbrochen von der Zeichnung eines von Punkten umkreisten Getreidekorns, was eindeutig auf die lebenspendende Rolle des Vogels hinweist, der über dem Symbol der Fruchtbarkeit und des Wachstums der Pflanzenwelt sitzt (*kan* und zwei »Wind«-Zeichen). Zu beiden Seiten sät eine Gottheit mit vollen Händen Körner. In den unteren Reihen ist bisweilen ein schwarzer, gedrungener Vogel zu sehen, der dieselbe Schnabelform hat wie die »Eule« in dem Zeichen, das mit dem »Monat Moan« verbunden ist. Diese Assoziation führte zu der Vermutung, daß die »Eule« im Dresdner Manuskript mit dem *Moan* verbunden ist. Im Madrider Codex (28) finden wir eine sehr schöne Seite, die das Rätsel lösen kann. Der schwarze Vogel erscheint darauf zu beiden Seiten des Gottes der Fruchtbarmachung der Erde, er trägt auf seinem Bauch nicht das Sonnenzeichen, sondern dasselbe mit Punkten umkreiste Korn wie der *Moan* auf Blatt 34. Er pickt mit seinem Schnabel in die Saat – ein großes Korn in der Form des Zeichens *kan* – und haucht ihr damit das Leben ein, das den jungen Trieb hervorsprießen läßt. Die »Eule« ist also die irdische Form oder der irdische Gehilfe des *Moan*.

Der *Moan* handelt nicht aus eigenem Antrieb. Er muß durch das Knospenritual, einen Sympathie-Zauber, in Aktion gesetzt werden (C. P. 6). Eine Hand reicht ihm die Knospen – der Pariser Codex (Blatt 11) betont ihre rote Farbe, also wahrscheinlich ihre irdische Herkunft –, die Erneuerung, neues Leben und die ersehnte Wiedergeburt symbolisieren. Wie der Baumstamm oder der Ast durch das geheimnisvolle Wirken der Natur neue Zweige oder Knospen hervorbringen, findet auch das Seelenwesen in Lethargie wieder eine innere, bewußte und kontrollierte Aktivität, durch die es die eigene Identität wiederbeleben und einen neuen Körper bilden kann. Wie die pflanzliche Saat keimen wird, so keimt im Toten neues Leben; der Maya ist sich jedoch bewußt, daß dies nur ein Bild ist. Wenn der *Moan* »die Knospen sieht«, die ihm geopfert werden (C. P. 11), und eingreift, dann geht die geheimnisvolle Erneuerung in der Natur auf seine Macht zurück, diese entsteht aus seiner Feuernatur, die ich beinahe prometheisch nennen möchte.

Fast auf jeder Seite spricht unser Manuskript von dem Licht, das der *Chilan* wahrnimmt und das offenbar von den Gestorbenen ausstrahlt; es wird jeweils durch eines der Schriftzeichen für »Sonne« dargestellt, die ich in diesem Zusammenhang »Licht« oder »Lebenslicht«, »Lebensfeuer« lesen möchte. Das Erscheinen dieses Lichts ist ein wichtiger Faktor im Prozeß der Wiedergeburt. Ist »das Lebenslicht im erleuchteten *Chilan*« (der auf dem Hinterkopf dasselbe Zeichen trägt wie der *Moan* auf dem Bauch), so »sieht er die Reinkarnation der toten Wesen« (C. P. 6). Daß dieses Licht besonders geistig, ja heilig ist, zeigt die gepunktete Kartusche, die es umgibt. Es ist wesentlich für die Wiedergeburt im Vorhimmel, die dem Eintritt in einen Mutterschoß unmittelbar vorausgeht. »Ist die Seele im *Chilan* gefangen, so wird das Lebenslicht nicht verlöschen« – eine Sonne strahlt auf leuchtend hellem Grund[1] –, und »die Seele sieht im *Chilan*« den Weg zur Reinkarnation (C. P. 5).

Solange sich der Tote in Lethargie befindet, lebt er in der Finsternis, aus der ihn die Rituale und Anrufungen des *Chilan* befreien sollen. Die feuergleiche Natur des *Moan* ist im Pariser Codex nur angedeutet; der Dresdner Codex jedoch verbindet immer wieder den *Moan* und das Lebenslicht. Der *Moan* wirkt aber nicht ohne den Anstoß der Menschen durch das Knospen-Ritual als Sympathie-Zauber. Der *Chilan*, der den *Moan* von der Erde aus anruft, identifiziert sich dann später mit ihm und trägt dabei seinerseits das Sonnenemblem.

Der *Moan* scheint dem mythischen Vogel in China zu entsprechen, der als Bote der Götter den Wind begleitet. Denn er ist der Bote des himmlischen Herrn, der allein Quelle und Ursprung allen Lebens ist. Sein Feuer ist das Feuer des Herrn.

Über die Metamorphose der Toten im Vorhimmel berichtet das von mir vorläufig *Pix-an* genannte Schriftzeichen, ein Wort, das von den Missionaren auf »Seele« im christlichen Sinne angewandt wurde. Es zeigt einen abstrakten Kopf, einen Kreis mit einem kleinen Kreis in der Mitte, der wiederum »Ursprung« bedeutet, hier symbolisiert durch eine vereinfachte Zeichnung einer mütterlichen Brust. Der Körper darunter ist der detailgetreu gezeichnete Altar. Dieser (unter Nr. 24) ist mit genau demselben »T«-Zeichen versehen, das auch in das Auge des geläuterten Toten geschrieben ist, es wird aber ergänzt durch zwei Ringe, die in Entsprechung zum Chinesischen ein davon ausgehendes »Geräusch« bezeichnen. Der *Pix-an* ist also im wesentlichen das göttliche Wort, das Wort des Ursprungs. Daneben ist *Pix-an* auch der geläuterte Tote, der seine menschliche Gestalt verloren hat und den der *Moan* in den Mutterschoß führen wird. Hier wird wieder einmal die Gleichheit von Mensch, Tier und Pflanze deutlich: *Pix-an* erscheint in allen drei Bereichen, so auch als Seele der Pflanzen, die den Körper überlebt und sich wiederverkörpern wird. Darum ist das Schicksal der »Seelen« der »verstorbenen« Menschen oder Pflanzen immer wieder verbunden (z. B. Ende C. P. 8). Immer ist der *Moan* der Führer.

Auch hier wieder ist die Beobachtungsgabe und die symbolische Ausdruckskraft der Maya zu bewundern. Das Zeichen, das ich für das Wort »führen« lese, geht auf die in Mexiko wohlbekannte Zeichnung des Lotsenfisches zurück. Seit langem ist erwiesen, daß dieser Fisch am Kopf des

Haies haftet, um ihm durch eine Art Radar als Führer zu dienen, denn der Hai kann nicht geradeaus sehen, ohne sich umzudrehen.[2] Das Maya-Schriftzeichen betont das Auge des Lotsenfisches, manchmal wird es im Verhältnis zu dem kleinen Körper ein übergroßes Rechteck.

Auch das Zeichen für »sehen« ist sehr aufschlußreich. Unter der doppelten Beihilfe des *Moan* einerseits, der sie führt, und des *Chilan* andererseits, der das Licht schaut, »sieht die Seele« ihren Weg der Reinkarnation. Während die Augen wie im Chinesischen durch das Organ selbst dargestellt werden – zwei Kugeln mit Pupillen, die durch eine Wellenlinie verbunden sind, oder die Augenhöhle unter einer Kugel –, wird »sehen« durch die flüchtige Zeichnung einer Raubkatze (eines Jaguars oder Pumas) dargestellt, deren Auge mit einer weit geschwungenen krummen Linie umgeben ist; manchmal steht sogar eine elegante Flamme über dem Auge, um das Phosphoreszieren der großen Katzenaugen anzudeuten.[3] – Im ganzen präkolumbianischen Amerika ist übrigens ein Mythos verbreitet, nach dem das Auge des Jaguars das erste irdische Licht vor der Erschaffung von Sonne und Mond gewesen ist.

In der letzten Phase der Reinkarnation wird nun der *Pix-an* eingefangen. Während ihn der *Moan* unter seinem Bauch trägt, um ihn mit dem Mutterschoß in Kontakt zu bringen (C. P. 5), vollzieht der *Chilan* (C. P. 5) mit dem »Priester der Gräber« oder des Todes (C. P. 7) einen Sympathiezauber: Eine Hand ergreift einen Fisch (Nr. 77), ein Fisch wird erschlagen oder in einer Falle gefangen (C. P. 8, Nr. 78). In dieser letzten Passage könnte der Text nicht deutlicher sein: »*Pix-an* wird gefangen« wie ein Fisch, an dessen Zeichen das Zeichen »pix-an« haftet. So vollendet also die Magie ihr Werk, indem sie dem *Pix-an* Gewalt antut, ihn zwingt, in den Fötus zurückzukehren.

Zu Recht kann man sich fragen, warum in dem Zeichen »*Moankin*« der *Moan* mit einem grauen, wolkigen, regnerischen Tag oder mit dem Regen selbst verbunden ist. Die chinesische Tradition nimmt an, daß sich die Toten in den Wolken verbergen, so daß die Bronzeinschriften (ca. 1000 v. Chr.) das Zeichen »Wolke« mit dem des »normalen« Toten verbinden (ein Kopf ohne Gesicht, aber über einem vollständigen menschlichen Körper) – im Gegensatz zu den verlassenen Geistern (mit demselben Kopf, aber ohne Körper), die unheilbringende Dämonen bleiben. In den Wolken leben und warten in China also die Toten, die in der späteren buddhistischen Metaphysik zur Wiedergeburt in einem menschlichen Körper bestimmt sind.

Die Maya haben offenbar dieselbe religiöse Vorstellung. Die geläuterten Toten werden u. a. mit Hilfe einer künstlichen Wolke angezogen, die durch Weihrauch entsteht, was zugleich Sympathie-Zauber ist und eine Nebel-Brücke als Weg für die Seelenwesen herstellen soll. So wird die Verbindung des *Moan* mit dem wolkigen Tag also verständlicher. Der *Moan* braucht für seine wichtigste Aufgabe, nämlich den Toten zu führen, einen bedeckten Tag, denn dann ist seine Macht am stärksten.

Anmerkungen

1 Nr. 55. Bei Landa steht das Zeichen »Sonnenfinsternis« (unter Nr. 55) mit zwei Schattenumrissen, einer davon ist schwarz ausgefüllt. Hier hingegen sind beide Felder weiß.

2 Kapitän Cousteau hat diese eigenartige Symbiose einige Male gefilmt.

3 In Landas Alphabet die Zeichnung für den Buchstaben *p*. »Sehen« in Maya: *pacat*.

7.
DIE HILFSPRIESTER

Dem *Chilan* stehen bei seinen Reinkarnationsriten verschiedene Priester zur Seite. Die einen sind an den Opferhandlungen beteiligt, andere sind Erleuchtete oder Seher. Ihnen sind gewisse Kräfte zu eigen, die sie aber ausschließlich den Göttern verdanken. Zusammen mit dem Hohenpriester bilden sie das Heer der *Ah-kin,* »die der Sonne Angehörigen«, der Diener der Götter; ihr Symbol ist die Sonne. Im Pariser Codex sind, weit klarer als in den spanischen Quellen, neben dem *Chilan,* dem Hohenpriester und den Opferpriestern (*Nacom* und *Chacs*), mindestens drei mit übersinnlichen Kräften begabte Priester zu unterscheiden.

Da sind erst einmal die Seher. Sie tragen wie einen Rüssel die beiden Trommeln mit dem langen Stiel, die man bisher »Glanz« gelesen hat (Nr. 130), die aber viel eher auf das Hellsehen, die geistige Erleuchtung, hinweisen. Sie haben eine zweite, verbale Bedeutung, nämlich »anzünden«. Ihre Funktionen werden vielleicht in einer wundersamen Gestalt (C. P. 4, Nr. 141) zusammengefaßt: Der Kopf ist eingedrückt und schwarz, hat aber zwei Augen, groß wie Laternen; in den runden Augen liegen erweiterte, schwarze Pupillen – das Licht des Geistes in der Finsternis des Universums. Die mit hellseherischen Fähigkeiten begabten Priester haben meistens auch noch ein unverhältnismäßig großes Ohr, das fast ein Drittel des Hinterkopfes einnimmt. Im allgemeinen ist es umgekehrt gezeichnet, was wohl andeutet, daß sie die göttliche Stimme hören (Nr. 129); aus demselben Grund trennt auch oft eine gepunktete Linie das

Ohr vom übrigen Kopf. Der Seher-Priester ist kahl oder rasiert und anscheinend ein Mann mittleren Alters. Wie der *Chilan* sieht er in die geistige Welt und steht mit ihr in Kontakt. Er ist einer der ersten, die mit dem *Chilan* an der Wiedergeburt arbeiten, auch er hört die Toten, weist ihnen einen Ort im Universum zu und führt sie ihren Weg: »Die Toten kommen zurück [dank dem] hellsehenden Priester« (C. P. 4).

Eine zweite Kategorie von Priestern entnimmt sich das Opferblut aus Nasenflügeln, Lippen, Ohrläppchen oder anderen Körperteilen. Auf einem eindrucksvollen Bild (C. P. 17 unten, unter Nr. 168) läßt eine Art Pfeife (in einem Manuskript umgekehrt dargestellt) das Blut aus einer kupferroten Nase spritzen, während die Wangen vor Schmerz grün werden. An einer anderen Stelle hat der Priester in Trance mit dem Kopf eines Menschen und dem wie bei einer griechischen Sphinx gedrungenen Körper eines Vogels (Nr. 135) das Gefäß mit dem Opferblut am Ohr, während er mit einer Gottheit spricht. Beide Porträts zeigen ihn mit dem Sonnenzeichen der Ekstase unter dem Auge. Seinen entrückten Zustand verdankt er sicher der Blutentnahme; zumindest ist sie ein mächtiges Hilfsmittel. Diese schmerzhafte Handlung – die auch im alten China üblich war – hat die Priester, wenn sie oft wiederholt wurde, gewiß erschöpft, ebenso wie die Opfertiere, an denen sie vorgenommen wurde. Beide, die Priester und die Opfertiere, haben oft dicke dunkle Ringe um das Auge (Nr. 169, Fig. 1).

Landa beschreibt diese Praxis, die auch im alten China gebräuchlich war, sehr anschaulich: »Sie nahmen Opfer mit ihrem eigenen Blut vor, manchmal schnitten sie sich die Ohren rundherum in Streifen, die sie zum Zeichen der Buße herabhängen ließen. Ein anderes Mal durchlöcherten sie sich die Wangen oder die Unterlippe. Einige schnitten sich ganze Fleischstücke aus bestimmten Körperteilen oder durchstachen sich unter grausamen Schmerzen mit Strohhalmen von der Seite die Zunge; andere schnitten sich den überflüssigen Teil des Penis ein, so daß er aussah wie zwei hängende Ohren.« Landa versichert, die Missionare hätten sich geirrt, als sie darin eine Beschneidung sahen.[1] Zweifellos sind diese Praktiken eine Entartung der edlen Form der Blutentnahme, wie sie im Pariser Codex beschrieben wird. Bei den Azteken finden wir dieselben frenetischen Selbstverstümmelungen und grausamen Bußhandlungen.

Im Pariser Codex hält sich die Blutentnahme der Priester und der heiligen Tiere in Grenzen, sie ist ein Opfer, wie es für jede Religion natürlich ist, und gleichzeitig ein Mittel zur Ekstase durch plötzlichen physischen Schmerz – wobei hier die dauernde asketische Übung von besonderer Bedeutung ist. Das Ritual ist erklärbar als symbolische Darbietung des eigenen Lebens, um sich die Götter gewogen zu machen. An zwei Stellen erfahren wir, daß die Toten mit der »roten sublunaren Welt« verbunden bleiben – in der Maya-Tradition ist die jetzige Welt rot wie Blut –, und das Blutopfer hat offenbar den Zweck, sie magisch anzuziehen.

An mehreren Stellen hat der Priester (bzw. der Gott) zwei kurze oder lange Haken am Mund, die ihn einem Raubtier ähnlich machen (Nr. 115, Fig. 1), einem Jaguar (*balam*) oder einem Puma (*coh*).[2] Damit wird offenbar die mystische Einheit beider Wesen im Ritual dargestellt. Die alte mittelamerikanische Glaubensvorstellung bezieht sich gewiß auf die Verwüstung, die das Raubtier anrichten kann, von Bedeutung ist hier aber die mystische Kraft, die sich aus dieser mystischen Einheit ergibt, um die Wiedergeburt der Toten zu beschleunigen. Auf einem sehr eindringlichen Bild wird der erwachte Tote gezeigt, der in umgekehrter Stellung nach rechts blickt und mit dem Jaguar-Priester oder -Gott mit seinen Haken am Mund verbunden

Der die magische Kraft symbolisierende Jaguar. (C. Dr. 8)

ist. Das zusammengesetzte Zeichen geht den Worten voraus: »Reise zur Wiedergeburt« (C. P. 6, Rand); der Tote wird vom Jaguar-Wesen getragen und kann so sicherer seine Reise vollenden.

Eine wichtige Variante des Seher-Priesters ist der Priester, der die himmlischen Stimmen hört. Sein Kopf hat manchmal einen stark ausgeprägten Schädel (Nr. 129) und ein riesiges Ohr.[3] Die Gaben des Hörens und des Hellsehens, auch unabhängig von dem übergroßen Ohr, sind oft (auf mystische Weise) vereint. Das weit offene Auge liegt auf einer bald durchgezogenen, bald gepunkteten Linie, die vom Hals zur Schädeldecke verläuft (Nr. 117), oder es ist gefangen in einem Spinnennetz (Nr. 140). Bisweilen umgibt das gut sichtbare Ohr dichtes Haar. Auch diese Priester kennen wie alle anderen die Entrückung, in der sie mit der überirdischen Welt in Verbindung stehen und die Toten begleiten.

Weiter gibt es spezialisierte Priester für die verschiedenen Rituale. Wie die Magier müssen sie die Askese streng einhalten – »die Priester, die *Chilan* und die anderen Kultdiener hielten die gewohnten Fasten ein«, schreibt Landa. Der Hohepriester steht an der Spitze und über allen übrigen erleuchteten Priestern. Was ich für sein (bisher nicht bekanntes) Zeichen halte, ist eine wörtliche Umschreibung seines Titels *Tzab-can*, »Klapperschlange«: Zwei Schlangen liegen mit dem Rücken aneinander. Das Zeichen ist auch ein Emblem für den höchsten Gott *Itzam* oder *Itzam-tzab*, von dem es die Hinzufügung des Zeichens »Erde« (Nr. 50) unterscheidet. Dieser wird auch *Ahau-can* genannt, »Schlangenherr«, oder, nach Landa, *Ahau-can-mai* und *Ah-kin mai*. Er ist wahrscheinlich ein späterer Gott, der jedoch einen ehemaligen Himmelsherrn ersetzt.

Der Hohepriester wurde von den Fürsten hoch geachtet. Nach anderen Quellen wurde das Amt oft vom Fürsten selbst bekleidet. Als Oberhaupt der Priesterschaft, Hüter der Weisheit, der Rituale, der Opfer, der Wahrsagerei, der Astronomie, der Schrift, und seinem Wesen nach heilig, hatte oder verwaltete er zumindest die Funktionen des *Chilan* und aller übrigen Priester. Sein Amt umfaßte also nur die höchsten Aufgaben, die anderen überließ er den niedriger gestellten Priestern. Im Pariser Manuskript taucht er nur einmal auf (C. P. 6), und nur, um zwei Hauptriten für die Intervention des Himmels und die Herbeiführung der Ekstase durchzuführen, ein Feuerritual und ein blutiges Opfer.

In Landas Text kommt bei der Zeremonie der »kollektiven Taufe«, also einem für die Gemeinschaft enorm wichtigen Ereignis, ein Priester vor, der der Hohepriester sein könnte. Er ist »bekleidet mit einer Tunika aus roten Federn mit eingearbeiteten verschiedenfarbigen weiteren Federn, von der größere Federn herabhingen. Darüber etwas wie eine Vielzahl von Baumwollbändern, die bis zur Erde herabhingen; auf dem Kopf trug er eine Art Mitra aus denselben Federn und in der Hand etwas wie einen kleinen Sprengwedel aus Holz, der kunstvoll geschnitzt war und der schlangenartige Schwänze wie die Schwänze von Klapperschlangen hatte.«

Landa versichert auch, daß das Amt erblich gewesen sei, es ging auf den Sohn oder auf einen nahen Verwandten über, und der Hohepriester ernannte die übrigen Kultdiener – zweifellos eine Vereinfachung der Tatsachen. Jedenfalls aber stand der Hohepriester allen anderen Priestern vor, die ihrerseits für die verschiedenen Opfer und Rituale zuständig waren, für die Schrift, die Schriftauslegung, die für die Maya so wichtige Kenntnis des Kalenders und für das von Geburt an immer wieder befragte Horoskop; auch lehrten sie die Astronomie und die Mathematik. Dies war vor allem das Amt der oft erwähnten Sonnenpriester, deren Zeichen auf dem Hinterkopf die »Sonne« zeigt. Wahrscheinlich unter der Leitung des Sonnenpriesters opfert die Frau der Sonne, um die Mutterschaft herbeizurufen (C. P. 7), und sicher verehrt unter seiner Anleitung auch der Opferpriester das der Sonne geweihte Tier (C. P. 10).

Nicht weniger wichtig ist der Priester der Gräber oder des Todes. Seine Frisur gleicht der des Todesgottes im Pariser Codex (C. P. 4) und dem Kreis, der das Zeichen »Grab« (Nr. 99) umgibt und in dem ein Schild gesehen wurde. Es darf nicht mit dem Zeichen »Venus« verwechselt werden. Er ist derjenige, der die Ergreifung des *Pix-an* (C. P. 7) vornimmt, vielleicht, weil er der Erde, die den Toten anzieht, am nächsten ist.

Ein weiterer Priester, dessen Zeichen sich mit einem Kopf mit schön gewellten Haaren und dem Wort »Erde« – *ik-cab* (bedeutet es vielleicht »Priester« ganz allgemein?) – verbinden, erscheint in den Diensten des *Moan* (C. P. 6).

Der ekstatische oder inspirierte »Sänger-Priester« (Nr. 157), mit übertrieben großem Auge und weit offenem Mund, aus dem sich eine Lyra gen Himmel wendet, ein schönes Bild für die Beschwörungsformel (C. P. 10), wird auch nur einmal erwähnt. Im Dresdner Codex taucht er häufig beim Beschwören der Wolken auf. Er gehört zu den Vermittlern der Wiedergeburt, und er ist gewiß nicht einer der Geringsten.[4]

Unter allen diesen Priestern steht die Gruppe der *Nacom*, die nach Landa zu zwei verschiedenen Kategorien von Priestern gehören. »Der eine war lebenslänglich im Amt und wenig geachtet, denn er öffnete den Menschenopfern bei der Opferung die Brust.« Diese Geringschätzung steht im Gegensatz zu der Wertschätzung, die dasselbe Amt bei den Azteken genoß, und könnte beweisen, daß die Menschenopfer der Tolteken selbst zur Zeit des Niedergangs nicht die Zustimmung aller Maya fanden. Der *Nacom* der zweiten Kategorie »wurde in sein Amt gewählt«. Er »war ein General der Armee und hatte daneben bestimmte Feste zu leiten; er übernahm seine Funktionen für drei Jahre, und diese waren hochgeachtet«.[5] Während der Ausübung sowohl seines religiösen als auch seines militärischen Amtes war er, wie bereits erwähnt, an strenge Moral und Askese gebunden. So wurde auch der Krieg zu einem heiligen Geschäft; er war, was nicht erstaunlich ist, im alten Maya-Reich Sache des Fürsten, der die Funktionen des Staatschefs und des Hohenpriesters in sich vereinigte.

Die unterste Kategorie der Priester sind schließlich die *Chacs*, »vier alte Männer, die je nach den Umständen immer wieder neu gewählt wurden, um dem Priester während der Feste zu assistieren«. Es waren wahrscheinlich die Ältesten, die bekannt waren für Ehrbarkeit und Weisheit. Sind sie es, von deren »Seelen« der Pariser Codex (C. P. 16) als Fürsprecher für das Wachstum spricht?

Übrigens sind nur sie neben dem *Chilan* von grundlegender sozialer Bedeutung. Alle anderen Priester sind nicht wie der *Chilan* die Stütze der Gemeinschaft der Lebenden und der Toten und nicht wie die Alten Symbol für die soziale Ordnung; sie sind nur das Gefolge des *Chilan*, der Seele des Volkes und der Gemeinschaft. Die hochgeachteten Funktionen der Priester bleiben bestehen, teilweise auch ihr Nimbus. Trotzdem waren sie eben nur Gehilfen bei der Kultausübung. Ihre Kraft als Wächter der Riten war unauflöslich mit der Macht des Tempels verbunden, dessen Diener sie waren.

Der Tempel selbst (Nr. 121) wird wie in China als Gebäude mit einem hohen Turm dargestellt. Die beiden dicken Striche, die auf einer sorgfältigen Zeichnung das Zeichen in ein hohes und zwei niedrigere Seitengebäude teilen, werden oft von einer gepunkteten Linie verdoppelt, dem Zeichen für Heiligkeit. Der Tempel war nicht einfach nur ein Bauwerk: Er war Sitz einer überirdischen Macht, der Ort, an dem die Herabkunft des Gottes stattfand. Der Text spricht immer wieder von Herabrufung und Herabkunft des Gottes; das erinnert an das bei Landa erwähnte Fest *Em-ku* (»Herabkunft des Herrn«). Ganz ähnlich wie bei den Maya wird im Altchinesischen – die Entsprechung heißt dort »Ort, an dem Gott verherrlicht wird« – die »Herabkunft des Schattens Gottes« (unter Nr. 83) einzeln und in zahlreichen Zusammensetzungen als gesägte oder gestufte Säule gezeichnet, deren Stufen entlang ein »rechter« und ein »linker Fuß« folgen. Auch der Dresdner Codex zeigt mehrmals (Blatt 54, 55, 56, 64) auf einer Stoffbahn, die Teil des göttlichen Gewandes ist oder an einer Säule des Tempels hängt, eine Zeichenfolge von oben nach unten, im allgemeinen interpretiert als Spuren des rechten und des linken Fußes (Nr. 83, Figur 2 u. 3). Bei Landa steht das Zeichen für *b*, wahrscheinlich das Wort *be*,

»Weg, gehen«. Das Stoffband deutet in der Bebilderung des Dresdner Codex, wo das Zeichen auch auf dem Podium unter dem Sitz der Gottheit auftritt (Blatt 64), offensichtlich die Herabkunft des Herrn in den Tempel an, wohin ihn das Opfer am Rand des Schriftbandes lockt.

Die »Herabkunft« wird auch durch das umgedrehte Bild des Gottes dargestellt – mit dem Kopf nach unten und den Füßen nach oben gegen die Himmelskuppel –, was meine Übersetzung umgekehrter Zeichen wie *Ahau* hinreichend erklärt.

Es gibt eine Reihe ganz verschiedener Tempel, darunter den Tempel der Drei Kostbaren Dinge – das Zeichen »Tempel« unter den drei Gefäßen mit den Kostbaren Dingen (Nr. 122) – oder der Tempel, »der die Zeugung leitet« (C. P. 11) und den Lebenden den Schutz der Götter sichert. Der Kontakt zwischen beiden Welten findet hier statt, und hier steigt auch »die Stimme des Hundes (Jaguars?) in Trance« zur Gottheit auf, um die Wiedergeburt der Natur herbeizuführen (C. P. 4). »Der glorreiche Herr im Vorhimmel vernimmt die Stimme, die vom Tempel emporsteigt« (C. P. 8).

In den Tempel »steigt das Kleinod [der Nahrung, des Ackerbaus] hinab« (C. P. 9), in ihm vollziehen sich alle Rituale, er vereint auf einzigartige Weise die kosmischen Kräfte.

Im Tempel ist die Wirkung der mystischen Handlungen oder der Magie konzentriert, aber die Wirkung geht auf die religiöse Hingabe der Menschen und der göttlichen Macht zurück, nicht auf die magische Praxis. Wenn es Brauch war, einen Priester hinter die Statue zu stellen, die angeblich sprach und als Gottheit antwortete, so hätte dieser Betrug nur beschränkte Menschen täuschen können. Landa selbst ist auch dieser Meinung: »Sie wußten durchaus, daß die Götterbilder Werke ihrer eigenen Hände waren, tote Bildwerke ohne Gottheit; aber sie verehrten in ihnen, vor allem in den hölzernen, das, was sie darstellten, und die Rituale, mit denen sie sie geheiligt hatten.« Die Priester und zumindest auch der gebildete Teil des Volkes wußten also, daß die erlösende Kraft die Seele des Magiers war, der mit dem Himmel sprach – was der Text auch ständig wiederholt: Das Wunder des Gesprächs mit dem Himmel und der Kräfte, die es auslösten, liegt im *Chilan* und seinen priesterlichen Gehilfen, so, wie es auch im *Moan* ist. Der Tempel war nicht der Geist, er war nur der Ort. Der heilige Ort jedoch sammelt die Kräfte, die dort entstehen.

Anmerkungen

1 »Wenn es ein Irrtum ist«, kommentiert der Übersetzer, der Abbé Brasseur de Bourbourg, den die Begegnung mit einer alten jüdischen Praxis offenbar nicht so befremdete.

2 Zur Diskussion über die jeweilige Darstellung s. Barthel, a. a. O. Man hat vorgeschlagen, in diesem Wesen den Gott Itzimna zu sehen.

3 Ganz ähnlich in der altchinesischen Schrift: »der Mensch, der die Stimme des Himmels vernimmt« (unter Nr. 129). Ein großes Ohr liegt auf den Körperumrissen eines Menschen, dessen Kopf es bildet.

4 Vielleicht in Erinnerung an seine ursprüngliche Funktion rufen die Maya heute noch den *maestro cantor*, den christlichen Priester oder Diakon, damit er am Tag der Toten und an den darauffolgenden Tagen die Gebete leitet, wenn die Toten, wie sie glauben, für eine Woche zu ihrer Familie zurückkehren. (Redfield, a. a. O., S. 105)

5 Vielleicht in Erinnerung an diese Ausübung religiöser Funktionen durch Laien werden in bestimmten Dörfern Yucatans auch heute noch religiöse Ämter ausgeübt, die *Cargo* genannt werden: Eine Gruppe freiwilliger Männer übernimmt für ein Jahr die traditionellen religiösen Aufgaben der Gemeinde und kehrt dann zu ihrem normalen

Leben zurück, während andere an ihre Stelle treten. (Frank Concian, *Economics and prestiges in a maya community – The religious Cargo system in Zinacantan*. Stanford University Press, Stanford, Kalifornien. 1965.)

8.
TIERE UND SCHUTZGEISTER

Bei den Reinkarnationsritualen sind stets Tiere beteiligt, der Puma (*coh*), der Jaguar (*balam*), der Hund, der Truthahn, vielleicht auch der Geier. Der Jaguarkult war allen mittelamerikanischen Kulturen gemeinsam. Tieropfer jedoch waren selten oder werden nur beiläufig erwähnt. Nur auf das Hundeopfer[1] nimmt unser Text deutlich Bezug (C. P. 6). Sonst tragen die Tiere wie die Priester das Gefäß mit dem Opferblut auf der Schnauze oder auf dem Schnabel und manchmal auch ein besonderes Werkzeug, das wahrscheinlich nur zur Blutentnahme dient (Nr. 171). Oft hat das Tier, vor allem der Jaguar, auch nur das Zeichen »Erleuchtung« als Verlängerung der Schnauze. Das Tier hat oft das Maul offen, als Drohung oder vor Schmerz; das Gerät zur Blutentnahme steckt in den Nasenlöchern. Alle Tiere befinden sich mitten unter den Seher-Priestern, die sich Blut entnehmen. Zwischen den Menschen und den Tieren, die den Toten als Mittler oder Opfergabe dienen, herrscht in der Sicht der Schreibenden offenbar vollkommene Gleichheit, beide arbeiten gleichermaßen an der Rückkehr der Verstorbenen.

Die Gleichheit geht so weit, daß das Tier manchmal wie der Priester das Zeichen der Trance oder der Erleuchtung, das Sonnenrad, trägt. Das Opfertier hat oft das Auge des Ohnmächtigen; die Ohnmacht wird durch Punkte oder durch Schraffierung der Pupille angezeigt. Es wird außerdem zu verstehen gegeben, daß die Trance des Tieres der des Priesters in mystischer Weise gleicht. Auch das geopferte Tier kann hören und sprechen, es kann den Priester bei der Übermittlung von Botschaften zwischen den Welten vertreten.[2] »In der Kraft des Tempels vernimmt (die Gottheit) die Stimme des Hundes (bzw. Jaguars) in Trance« (C. P. 4), die aus der Schnauze des Tieres kommt. Ohne Zweifel weist diese Aussage – nebst der Sorgfältigkeit, mit der die Tiere dargestellt werden – auf eine bestimmte Technik des Rituals hin. Wir wissen, daß es bei den Maya blutige Tieropfer gab, wie in der klassischen Antike auch bei uns; sie werden im Text oftmals beschrieben. Für einen Sympathie-Zauber lag das Fleisch des Blutopfers auf einer Platte mit einem Gitterrost in der Mitte und manchmal blutrot gemalten Querbalken. Die irdische Welt ist eine fleischliche, blutige – daher vielleicht die »vierte, rote Schöpfung« –, mit der sich der Tote, seiner fleischlichen Hülle beraubt, unbestimmt verbunden fühlt. Das Blutopfer der niederen Tiere oder Haustiere, des Hundes etwa (C. P. 6) oder eines Huftieres (?) (C. P. 6), soll diese Verbundenheit nutzen, um den Toten in die fleischliche Welt zurückzurufen. Die Blutentnahme hat dieselbe Bedeutung, nur ersetzte sie als höhere Kultform das Opfer durch eine symbolische Darbietung.

Menschenopfer waren bei den Maya auch vor der Herrschaft der Tolteken und dann der Azteken nicht unbekannt,[3] sie waren jedoch für den äußersten Gefahrenfall vorbehalten, der – wie im alten Rom – das höchste Opfer erforderte, um den Himmel günstig zu stimmen.[4] Sie dienten nicht, wie bei den Azteken, dazu, die tägliche Wiedergeburt der Sonne sicherzustellen.

Die Tiere, zumindest der Jaguar, hatten aber nicht nur vermittelnde Funktion. Der Jaguar tritt auch aktiv in Erscheinung. Er und der Puma sind in ganz Amerika noch heute Kulttiere und werden als Manifestationen magischer Kräfte angesehen.[5] So scheint der Jaguar bei den alten Maya identisch zu sein mit den lebenspendenden Kräften

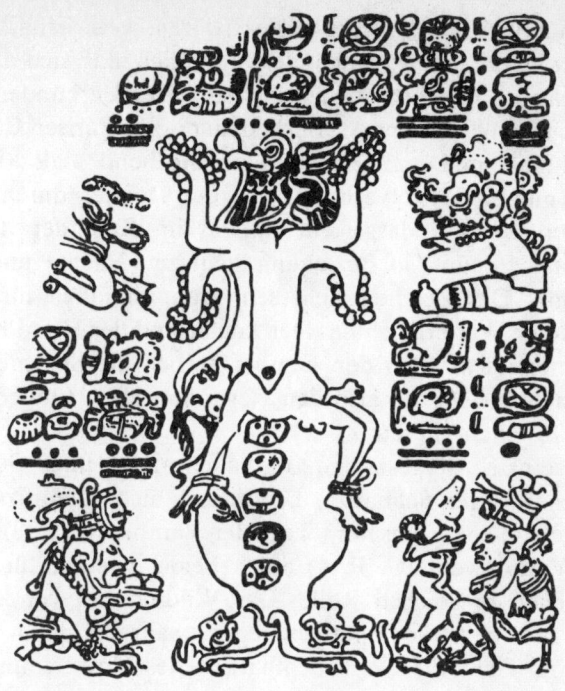

Darstellung eines Menschenopfers im Dresdner Codex. (C. Dr. 3)

des Universums, mit der ewigen Erneuerung der Natur und der Menschheit. Das erklärt auch die Verschmelzung des Priesters mit dem Jaguar in der mythischen Form dessen, der den erleuchteten Toten davonträgt, wie auch in der des *Chilam-Balam* – waren sie doch alle Hilfen zur Wiedergeburt der Toten.[6]

Für den Maya war der Regen, der das Maiskorn keimen lassen würde, von überragender Wichtigkeit, denn der Mais ist seine Hauptnahrung. In Yucatan ist der Regen selten, und die häufigen Trockenperioden führen zu Hungersnöten. Bekanntermaßen sind heute noch Maya-»Zauberer«

tätig, um den Regen herbeizubeschwören, wenn er auf sich warten läßt. Es ist also nicht verwunderlich, daß sich dieser Vorgang in den Texten niederschlägt. Der Verkünder des Regens ist der Donner. Er gilt daher – im Pariser Codex manchmal, im Dresdner Codex durchgehend – als »Wort des Himmels«. Ich vermute, daß der Donner durch das Zeichen Nr. 119 dargestellt ist, das im Kalender *Akbal* gelesen wird und in Beziehung steht zu »Nacht« und zu »Sturm«. Das Zeichen steht sehr wahrscheinlich für das nächtliche Wetterleuchten. Der Jaguar und der Hund rufen an vielen Textstellen den Donner herbei, die Stimme des Himmels, sie ziehen also den Regen an. Das Hundeopfer dient vor allem diesem Zweck.

Als einzige tiergestaltige Gottheiten außer einer Gestalt mit einer langen Schnauze, die ich noch nicht identifizieren konnte, treten in unserem Text der Vampir (C. P. 8) und das Wildschwein (C. P. 4) auf – beide in einer für den Menschen hilfreichen Rolle. Das Wildschwein vor allem stellt sich dem Todesgott entgegen, während die beiden anderen Tiere für die Fruchtbarkeit des Universums zuständig sind.

Da die Tiere, vor allem der Jaguar, so oft Menschen verschlingen oder töten, konnten diese ein Symbol sein für die ewige Wiedergeburt des Menschen, der zwar dem Tode geweiht, aber auch zur zyklischen Wiederkehr bestimmt ist. Gerade die Gefahr, die der Jaguar für die Menschen darstellt, steht vielleicht in Verbindung mit der mystischen Macht, die ihm von den Maya beigelegt wird. Es ist im ganzen Text auffällig, daß unter den Tiergottheiten gerade die gefürchtetsten den höchsten Rang einnehmen. Die Bilder des tibetischen tantrischen Buddhismus – der hier sicher einiges aus der alten autochthonen Religion des Bön in seiner sibirischen Ausprägung übernommen hat – entwickeln eine ähnliche Symbolik. Das Bild der Gottheit, die

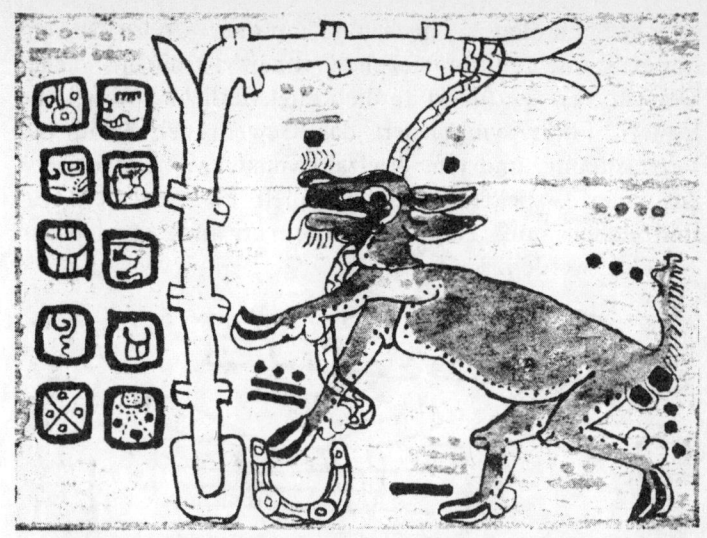

Ausschnitt aus einer Serie von Bildern, welche die Agonie des Opferhirsches darstellt – ein Symbol für den endlosen Zyklus von Leben, Tod und Wiedergeburt. (Aus C. M. 49)

dem zur Beerdigung bereitgemachten Toten gegenübersitzt und einen Affen verspeist, könnte ein guter Beleg für diese Auffassung sein. Der Affe ist höchstwahrscheinlich die mythische Stellvertretung für den Menschen.

Auch der Hirsch gehört zu dieser Emblematik (C. P. 5). Er sitzt über der sublunaren Welt und hat die Vorderläufe im Gebet zu einer Göttin erhoben, die ins Himmelsinnere flieht und das Zeichen »Fruchtbarkeit« mit sich trägt, während über ihr geschrieben steht: »[Die Toten sind] in der sublunaren Welt ... (die Göttin) hört und lenkt die erleuchteten Toten.« Hinter dem Hirsch zeichnet sich undeutlich eine wahrscheinlich göttliche Gestalt ab, und er trägt ein Geweih, dessen mittlerer Ast stärker ausgebildet ist und sehr viel weiter vorstößt als der untere. Dieses

119

seltsame Emblem – auch im Dresdner Codex kommt übrigens eine anthropomorphe Gottheit vor, die ein solches Geweih trägt – erinnert an die mittelalterliche europäische Esoterik; dort symbolisiert das Geweih den Grad der Vergeistigung, und eine Vielzahl von Geweihenden weist auf einen Aspekt der Unwissenheit hin.[7] Dem Maya-Bildzeichen muß zumindest eine verwandte Bedeutung beigelegt werden.

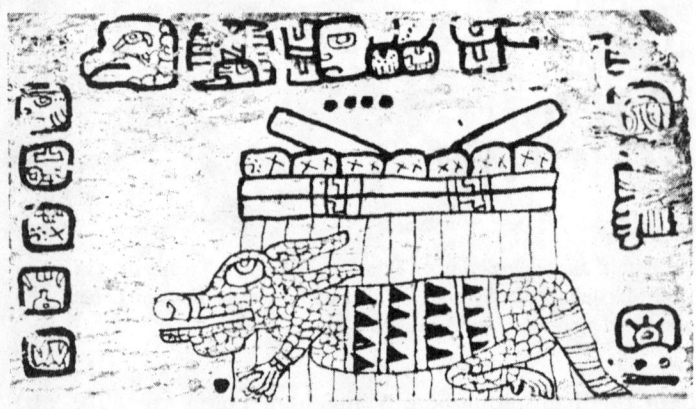

Der Opferhirsch sieht sich in seiner Agonie als unterirdisches Wesen, halb Hirsch, halb Echse. (Aus C. M. 48)

Auf einer unmittelbareren Ebene symbolisiert der Hirsch die Hoffnung auf Nachkommenschaft.[8] Sein Symbol dient als Sympathie-Zauber und hilft den Menschen, sich die Gunst der Fruchtbarkeitsgöttin zu verschaffen. Im Pariser Codex steht er über dem Text, der die Wiedergeburt der toten Kinder und Erwachsenen beschreibt. Vielleicht vermittelt er zwischen der fleischlichen und der geistigen Welt, zwischen der materiellen und geistigen Zeugung und Wiederzeugung. Auf derselben Seite ist ja auch die Leiter der Trance, auf den Seiten vorher sind alle Instrumente des Hellsehens und der Erleuchtung zu finden.

Ein letztes Beispiel der emblematischen Bedeutung von Tieren und ihrer Bruderschaft mit dem Menschen ist die Seeschildkröte. Der Pariser Codex (C. P. 4) stellt sie dem Todesgott gegenüber. In China ist sie das klassische Symbol der langen Lebensdauer, der zehntausend Lebensjahre, die dem Herrscher gewünscht wurden. Dieselbe Hoffnung auf lange Lebensdauer, von der Wiedergeburt ganz abgesehen, läßt sich auch aus den Darstellungen der Maya ablesen. Die Schildkröte scheint an eine (kaum noch sichtbare) Gottheit angelehnt zu sein, sie bürgt für die Menschen gegen den Tod, der auf seinen vier knöchernen Waffen das Zeichen »unten«, der unteren Welt, trägt.

Es wurde oft auf die Zweideutigkeit der Maya-Götter hingewiesen, die zugleich gut und böse seien. Aus dem Pariser Codex erhalten wir nun ein ganz anderes Bild: Wie die Priester sind Götter und Tiergötter im wesentlichen schützende Geister.

Der Vampir-Gott, der einen mythischen Vogel über die Wege der Wiedergeburt unterrichtet, spielt damit eine Beschützerrolle.

Und dort, wo die Art in Lebensgefahr ist, der »Hirsch« den Himmel anfleht, die Menschheit möge sich wieder aufs neue hervorbringen, erscheint die Göttin mit dem Zeichen »Zeugung« nicht als Rachegöttin: Sie zieht sich nur zurück und flieht in den höchsten Himmel, vermutlich, weil die Menschen die Götter vergessen oder mißachtet haben.

Wenn es überhaupt Monster gibt, so sind es die *Chicchan*, die einen Körper wie die *Chicchan*-Priester haben (Nr. 153) und teils im Himmel, teils auf der Erde wohnen. Man glaubt, daß sie in Quellen, Teichen und Vulkankratern hausen. Sie haben jedoch ebenfalls keine bösen Absichten, auch sie sind schützende Wächter. Die *Chicchan*, die im Himmel wohnen, spielen eine Rolle bei den

Regenkulten – so heißt es zumindest in der einzigen lebendigen Überlieferung, der der Chortis. Während der Trokkenheitsperioden, so erklären die Chortis, ziehen sich die irdischen *Chicchan* auf die Hügel zurück.

Alle Götter fungieren als Schützer, als Schutzgottheit im allgemeinen oder mit spezifischen Aufgaben. Sie arbeiten dem unheilbringenden Wirken von Geistern entgegen, das größtenteils auf Fehler oder Nachlässigkeiten der Menschen zurückzuführen ist. Zusammenfassend könnte man sagen, daß das Weltbild der Maya Menschen und Götter als eine Einheit darstellt, die gegen die unheilbringenden Mächte kämpft.

Wie die Urreligion der Tibeter, das Bön[9], und wie wahrscheinlich die Volksreligion im alten China mit ihren körperlosen Geistern, die sich nicht reinkarnieren können und in unheilbringende Dämonen verwandeln, stellen sich die Maya eine sublunare Welt vor, in der die Seelen umherirren und Dämonen ausgeliefert sind, die aber im großen und ganzen von den meist harmonischen Beziehungen zwischen Göttern und Menschen beherrscht wird. Die Götter schützen die Menschen gegen natürliche Gefahren in dem Maße, in dem die Menschen die vorgegebene Ordnung einhalten und ihre Pflichten erfüllen. Es kann also nicht überraschen, daß die Maya – wie der tibetische tantrische Buddhismus der nichtreformierten Schulen[10] – der Verehrung von Schutzgeistern eine fundamentale Bedeutung beimessen. Von diesen ist der Mensch in seinem täglichen Leben und im Fortbestand seiner Art letztlich abhängig. Er ist durch eine Nabelschnur mit ihnen verbunden und Gegenstand ihrer Sorge – aufgrund einer kosmischen Ordnung, nicht aufgrund eines »Gnadenaktes«. Der Schutz der Götter endet erst mit dem Ende der gesamten Weltordnung, und zwar nicht mit der Katastrophe, wie sie der *Chilam-Balam von Chumayel* beschreibt – hier ist die

Tradition durch den toltekisch-aztekischen Einfluß verfälscht worden –, sondern durch ein Ende, das anscheinend in der Logik der Dinge selbst, also der Zusammenarbeit von Himmel und Erde, begründet liegt.

Ist diese Zusammenarbeit, ist der Schutz der Priester, Götter und Geister gewährleistet, so ist auch die Wiedergeburt gesichert, für den Maya der höchste Anlaß zur Freude, einer Freude, die für seinen grundlegenden Optimismus spricht. »Der Gott hört ihre Freude über die Fruchtbarkeit«, steht im Pariser Codex (Blatt 4), gleich nachdem uns der Text über die geheimnisvolle Verbindung zwischen Begattung und Reinkarnation unterrichtet hat. Wie im Chinesischen wird in der Maya-Schrift »Musik, Freude« (Nr. 73) durch ein Musikinstrument dargestellt, eine Art Schelle oder Glöckchen mit ein, zwei oder drei Armen. Die Freude über die erhoffte Fruchtbarkeit und Empfängnis bemächtigt sich nicht nur des vom *Moan* angestrahlten Toten, sie verbreitet sich in der ganzen sublunaren Welt, im Universum der Toten, das vorher voll Trauer war: »Mit Freude vernehmen die Toten in der sublunaren Welt den Hilfe bringenden Jaguar-Gott (oder -Priester)« (C. P. 4).

Die Freude ist so groß, daß sie auch auf den Gesichtern in den Zeichen des blinden Toten und des erlösten Toten erscheint. Vor allem ist sie wiederum mit dem Schutz verbunden, den der Priester gewährleistet und der »vom Himmel herabkommt«, wie im Dresdner Manuskript immer wieder festgestellt wird. Der »Schutz«, der unter den verschiedensten Zeichen immer wieder im Text auftaucht – »Schutz durch Beschwörung«, »Schutz durch den *Chilan*« –, konzentriert sich wiederum im Tempel, dem Versammlungsort von Priestern, Göttern und Schutzgeistern: »Schutz des Tempels« (C. P. 8, C. P. 9; der Vogel breitet seine Flügel über den Tempel).

Anmerkungen

1 Es ist nicht immer leicht, das Tier zu identifizieren. Bei der abstrakten Figur in C. P., Blatt 4 oben, handelt es sich ganz eindeutig um einen Hund. Das Hundeopfer ist für die Maya von offensichtlich überragender Bedeutung. Es war auch im alten China sehr häufig.

2 Ganz offensichtlich ist das die Rolle des geopferten Hundes auf der sog. »Neujahrsfest-Seite« in C. M.

3 Opfer, bei denen das Herz herausgerissen wurde, sind durch die Basreliefs des Alten Reiches (Piedras Negras) bekannt und durch die Opfertiere, die in einem Fürstengrab gefunden wurden.

4 Landa: »Der Priester oder der *Chilan* befahl manchmal Menschenopfer, wenn ein Unglück geschehen war oder das öffentliche Interesse es erforderte. Alle gaben ihren Teil dazu, die einen leisteten Abgaben für den Kauf von Sklaven, andere brachten aus lauter Frömmigkeit ihre eigenen kleinen Kinder als Opfergabe.« Dies kam sogar noch kurz vor der Kolonisation vor.

5 »Die *Chaacs* (alte Regengötter) und die *Balams* (Jaguar-Geister) sind nicht im Himmel; sie bewegen sich unsichtbar durch die Luft oder den Himmel [im physischen Sinne]. Für das Auge unsichtbar, fliegen die *Balams* über das Buschwerk oder schleichen um die vier Zugänge zur Stadt.« (Redfield, a. a. O.) Im Verlauf der Missionierung sind die Jaguare zu Dämonen geworden, aber sie behalten ihre magische Kraft. Sie teilen das Schicksal des vernichteten und in einen Zauberer verwandelten *Chilam-Balam*.

6 Die menschlichen Gesichter mit den Haken und den Zügen des Jaguars (oder des Pumas) sind bezeichnend für die olmekischen Skulpturen von La Venta. Es steht jedoch in Frage, ob die Olmeken-Kultur älter ist als die Maya-Kultur.

7 Es ist allerdings ganz unwahrscheinlich, daß der C. P. hier spanisch beeinflußt ist. Die europäische Esoterik – zu dieser Zeit übrigens aus Spanien verbannt – hat sich nicht in Neumexiko verbreitet, wo der Klerus herrschte. Zudem ist das ganze Manuskript so ausgesprochen

traditionsgebunden, daß der Verfasser keine europäische geistige Tradition übernommen haben dürfte.

8 Ein Bild des Madrider Codex (C. M. 42) zeigt den Hirsch mit übergroßen, offensichtlich symbolhaften Geschlechtsteilen.

9 Helmut Hoffmann, *Quellen zur Geschichte der tibetischen Bön-Religion*, Akademie der Wissenschaften und der Literatur, Wiesbaden 1950, und *Symbolik der tibetischen Religionen und des Schamanismus*, Stuttgart 1967.

10 Genannt »Rotmützen«; diese Schulen sind wahrscheinlich noch stark mit überlebenden Formen des Bön durchsetzt, im Gegensatz zu den »Gelbmützen«, der späteren Schule.

9.
DIE RITUALE

Die Rituale, die die Reinkarnation vorbereiten und herbei-
führen, werden nicht im einzelnen beschrieben, nur ihre
Zeichen erzählen von ihnen. Manchmal lassen sich die
Lücken in unseren Informationen durch die wenigen Berichte spanischer Zeugen oder durch noch lebende Rituale
schließen.

Das Weihrauchritual, geschrieben mit dem Zeichen
»Wolke« (Nr. 60), ist noch heute das häufigste Ritual bei
den Lacandonen. Das große Weihrauchfest dauert etwa
einen Monat. Verwendet wurde Kopal, manchmal vermischt mit Kautschukharz. Aus der Richtung, die die
entstehende dichte Wolke nahm, schließen die Lacandonen
auf das Ergebnis. Wird der Rauch zu Boden gedrückt, so ist
ein Zauberer am Werk, was wohl ein Zeichen für Hinfällig-
keit ist, denn das Weihrauchritual dient zur Sicherstellung
von Gesundheit, Wohlstand und Überleben. Das Pariser
Manuskript setzt es durchgehend mit der Wiedergeburt in
Zusammenhang und mit Zahlenkombinationen wie 16
(mal) 17, vielleicht eine Anspielung auf die Zahl der
Weihrauchgefäße und der Rauchopfer. Die heutigen Lacandonen verwenden im allgemeinen sehr bescheidene
kleine Schälchen aus Terrakotta, die ehemals sicher herr-
lich verziert waren.[1]

»Das Weihrauchbrennen zeigt [den suchenden Toten]
den Weg in den Vorhimmel«, sagt das Manuskript (C. P. 2).
Es handelt sich also um eine Art Signal oder Appell und
nicht nur um einen Sympathiezauber, wie beim Regenri-
tual, sondern um die ganz konkrete Leitung der Toten auf

den rechten Weg (C. P. 10). Die wiederholt vorkommenden Zahlen 9 und 13 könnten Anspielungen sein auf die Neun Götter *(Bolon-ti-ku)* und die 13 Götter der alten und neueren Tradition, jedenfalls im Dresdner Codex.

Das Feuerritual als eine höhere Zeremonie ist dem Hohenpriester vorbehalten. Das Zeichen (Nr. 182) besteht aus zwei kleinen Reisigbündeln, zwischen denen ein senkrechter Balken verläuft, auf beiden Seiten gesäumt mit den heiligen Punkten. Darüber ist der Becher der geistigen Erleuchtung. Dieses Ritual ist in Yucatan noch lebendig, es wird am Tag der Toten, am 31. Oktober und am 1. November, an dem diese für eine Woche zur Erde zurückkehren, durchgeführt. Obwohl christianisiert, könnte es einige alte Züge bewahrt haben, aus denen die heute noch praktizierte japanische Version vielleicht verständlicher würde.

»Die Vorbereitungen beginnen am Abend des 30. Oktober. Es werden Lebensmittel für den Toten vorbereitet und Blumen gepflückt. Um Mitternacht stehen die Bewohner auf und bereiten den Tisch mit *Tez-abanics* und Baumwollblüten, mit Kakao, Brot und mehreren brennenden Kerzen, denn um diese Zeit erscheinen die Seelen der Toten. Um die Türschwelle herum werden dieselben Blüten befestigt, um die Seelen zum Eintreten einzuladen. Auf der Schwelle werden ein wenig Schokolade, Brot und eine brennende Kerze bereitgestellt für all die Seelen, die vielleicht keine lebenden Verwandten mehr haben und die nicht ausdrücklich zum Festmahl geladen worden sind.«[2]

Zum Teil ist die Beschreibung sicher von den Missionaren beeinflußt, die zum Beispiel nicht gelten lassen konnten, daß die Kerze nicht etwa ein Symbol der christlichen Nächstenliebe ist, sondern die Seelen der Verstorbenen anziehen kann; die japanische Version bestätigt jedoch diese Auffassung.

Nun wird der *maestro cantor*, ein christlicher Priester

oder Diakon, eingeladen, um die Gebete zu leiten. Ein weiterer geschmückter Tisch wird herbeigetragen, und die Lebensmittel werden verzehrt; am ersten Tisch sitzen angeblich die Toten, er ist mit einem frischen Tuch bedeckt, frische Servietten sind aufgelegt, und Becher mit Wasser und Blumen stehen darauf, damit sich die Toten, wie es auch die Lebenden tun, vor und nach dem Essen die Hände waschen können. Am folgenden Tag werden den Toten mehrere Mahlzeiten bereitet, erst den toten Kindern, dann den toten Erwachsenen. Das wichtigste hierbei ist das »Seelenessen« (*hanal pixan*). Acht Tage (eine »Oktave«) später wiederholt sich das Fest.

»Am 2. November, nach dem *hanal pixan*, gehen sie mit der Hälfte der bei der Zeremonie benutzten Kerzenstummel zum Friedhof und zünden sie auf den Gräbern ihrer Toten an; auch die Blumen werden darauf gelegt, mit denen der Tisch geschmückt war. Am Tag nach der Oktave gehen sie wieder zum Friedhof, um die verwelkten Blumen von den Gräbern zu entfernen.«[3]

In Japan finden an den Tagen der Toten (*o-bon* oder genauer *ura-bon*) sehr ähnliche Zeremonien statt. Am 13. Juli (nach dem traditionellen Mondkalender) werden der Hausaltar und ein zusätzlich vor ihm stehender Tisch bereitet. Ein frisches, in Reisstroh eingehülltes Tuch wird darauf gelegt, außerdem verschiedene Lebensmittel, Blumen und gebündelte Hanfzweige und schließlich die Ausrüstung, die der Tote zu seiner jährlichen Reise benötigt, ein Pferd und ein Rind aus Gemüse und mit Hanfstengeln als Beinen. Auch der Altar wird mit Blumen und Hanfstengeln geschmückt. Viele Lampions mit Kerzen werden aufgehängt, aber noch nicht angezündet. Gegen Abend gehen die Leute mit der Hälfte der Hanfbündel, einem oder mehreren Lampions, die nicht angezündet werden, und Weihrauch zum Fluß oder zur nächsten Wasserstelle, denn der Fluß trennt die Welt der Lebenden von der Welt der Toten.

Am Ufer entzünden sie die Hälfte des Hanfs und rufen mit zärtlichen Worten die Toten an. Es wird angenommen, daß die Toten sich auf diese Flamme niederlassen, an der dann die Lampion-Kerze und der Weihrauch entzündet werden. Dann geht man zurück nach Hause, begleitet von den Toten, die dem Licht folgen. Man öffnet die Haustür, tritt jedoch nicht sofort ein; erst muß die andere Hälfte des Hanfs entzündet werden, als Einladung für die Toten, ihre frühere Behausung zu betreten. Sind diese eingetreten, springen alle dreimal hin und zurück über das Feuer. Schließlich tritt man ein und zündet alle Kerzen oder Lampions an. Bis zum übernächsten Tag nehmen nun die Toten an den verschiedenen Mahlzeiten teil, ein Teil der Nahrungsmittel wird vorher immer auf dem Altartisch dargeboten. Die Lampions brennen den ganzen Tag über bis zur Stunde des Schlafengehens.

Am 15. Juli abends kehren die Toten wieder in ihr Reich zurück. Die Begleitung geht ohne Eile vor sich, sie sollen nicht aus ihrer früheren Behausung hinausgedrängt werden. Alles, was auf dem Altar lag, auch die Lebensmittel, wird in das Altartuch eingewickelt. Ein Lampion, Weihrauch und die restlichen Hanfbündel werden entzündet, die Hälfte wird vor der Haustür verbrannt. Ist das Feuer erloschen, gehen alle mit dem Lampion und den brennenden Räucherstäbchen, mit dem gefüllten Tischtuch und den restlichen Hanfbündeln zum Fluß; die Toten im Gefolge. Am Ufer wird alles niedergelegt, der restliche Hanf wird verbrannt und das Lampion gelöscht, und den Toten werden Abschiedsworte zugerufen. Dann gehen alle mit dem ausgelöschten Lampion wieder nach Hause.[4] Noch an mehreren folgenden Tagen kommt ein oder mehrmals ein Mönch und spricht vor dem Hausaltar ein Gebet.[5]

Sowohl die Japaner als auch die Maya schreiben also, was sehr auffällig ist, dem Feuer die Macht zu, die Toten anzuziehen. Die christlichen Einwohner von Yucatan benutzen die spanische Kerze, an das Reisig- oder Zweigbündel erinnert nur noch das entsprechende Schriftzeichen.

Landa beschreibt ein Feuerritual, das die Maya noch vor der Kolonisation zu Anfang der Jahre ausführten, die unter dem Zeichen *Cauac* standen, dem unheilvollsten aller Zeichen. Dieses Ritual sollte das Unheil abwenden. Am Ende der Zeremonie »errichteten sie ... im Hof [des Tempels] ein Holzgewölbe, füllten es oben und auf den Seiten mit Brennholz, ließen aber Ausgänge frei. Die meisten Männer nahmen, jeder auf seine Weise, lange, sehr trockene Reisigbündel, und während ein Musikant auf den Scheiterhaufen stieg, sang und eine Trommel schlug, trat einer nach dem anderen sehr wohlgeordnet ein, und alle tanzten mit tiefer Andacht um den Holzhaufen. Sie tanzten bis zum Abend, dann ließen sie ihre Bündel liegen und gingen nach Hause, um zu essen und sich auszuruhen. Bei einfallender Nacht kamen sie wieder, von viel Volk begleitet, denn die Zeremonie war sehr beliebt. Dann nahm jeder sein Bündel, zündete es an und legte Feuer an den Holzstoß, der sich schnell entzündete. Sobald nur noch Glut übrig war, verstreuten sie die Reste auf dem Boden. Die Tänzer versammelten sich nun um die glühenden Reste und gingen mit bloßen Füßen durch die Glut oder liefen vom einen Ende zum anderen. Den einen gelang es, ohne Schaden hindurchzukommen, andere verbrannten sich dabei teilweise oder überall; sie dachten damit die gefürchteten Übel zu bannen und die finsteren Voraussagen für ein Jahr abzuwenden.«

Die kultische Bedeutung der Reisigbündel wird durch das Schriftzeichen deutlich, das ihre magische Funktion bezeichnet. Bei den Maya haben die erwachten Toten

Lichtnatur. Gleiches zieht Gleiches an – das grundlegende Gesetz aller Magie. Sehr wahrscheinlich hatte das in unserem Text erwähnte Ritual eine gleichartige Funktion. Es muß zwar davon abgesehen einen anderen Ablauf gehabt haben, aber es ist seine Essenz, auf die es hier ankommt. Auf jeden Fall war es ein ursprünglicher Ritus, denn ihn durchzuführen war das Privileg des Hohenpriesters persönlich.

Der Tote mußte auch für die fleischliche Welt empfindsam gemacht werden, er war, wie wir bereits gehört haben, mit der »roten Welt« verbunden. Hierzu diente die Blutentnahme oder auch das blutige Tieropfer. Beide forderten das Eingreifen des Himmels heraus (Hundeopfer in C. P. 4, Blutentnahme bei einem Truthahn C. P. 11). Von diesen Ritualen gibt es natürlich im christlichen Yucatan nicht mehr die geringste Spur. Nur manchmal noch findet sich Fleisch auf dem heidnischen Altar.

Musiker vollziehen ein Ritual zu Ehren des Maisgottes. (C. Dr. 34)

Der Erd- oder Ackerbauritus, auf den sich unser Text so oft bezieht, ist dagegen noch heute der beliebteste Ritus bei der Landbevölkerung in Yucatan, denn er sichert die Nahrung (*han*). Wie andere Rituale »hört [ihn] der Tote«.

Am ausgiebigsten wird der Altar für das Milpa- oder Reis-Fest (*u hanli col*) geschmückt, und nur die Bauern und der Schamane nehmen daran teil, nicht der christliche Priester. Auf dem Altar stehen dreizehn Gefäße mit *Balche*, einem Getränk, das aus in Wasser aufgeweichter Honchokarpus-Rinde und Honig gewonnen wird. Bereits die Verteilung der Gefäße vor dem Altar läßt auf die Authentizität der Tradition schließen: Wie beim Schreiben der alten Zahlen – eine Reihe Punkte für die Zahlen von 1 bis 4, ein langer Strich für die Zahl 5 – stehen die Becher in drei Reihen, zwei Reihen mit 5 und in der vorderen Reihe 3 Becher, was die Zahl 13 ergibt. Brotstöße und Fladen von verschiedener Anzahl, Form und Zusammensetzung mit genau festgelegtem Zweck liegen streng geordnet zu beiden Seiten der Becher und entlang der drei Altarseiten; sie bilden Drei- und Vierecke. Für die großen Brote (*noh uah*) gelten die Zahlen 13, 11, 9 oder 7, für die kleineren Fladen die Zahlen 6 und 4. Die wichtigsten sind dabei die vier Stöße aus *Ceiba*-Brot (*yax-che uah*), das an den heiligen Baum des Ursprungs, den *Ceiba*, erinnert.

Die gleichen Zahlen bestimmen in den meisten Fällen auch die Ausschmückung des Altars für die kaum weniger wichtige Zeremonie des *Cha-chaac*, des Versöhnungsfestes für den Regen.

Es ist sehr wahrscheinlich, daß das heutige Ackerbauritual schon sehr alt ist und dem in unserem Text häufig erwähnten Ritus gleicht. Dieser zieht die Toten an, indem er den desinkarnierten Wesen Appetit auf die fleischliche Nahrung macht.

Die der Herbeirufung durch den Ackerbauritus vorausgehende Reinigung der sublunaren Welt von bösen Geistern ist einer der besten Beweise für die Identität der chinesischen und der Maya-Tradition. Die entsprechenden Zeichen erinnern an eine Metapher und zweifellos auch eine symbolische Handlung der alten Schamanen: ein gespannter Bogen, mit dem eine Kugel abgeschossen werden soll (Nr. 165). Wie der Bogen sein Geschoß in weite Ferne schickt, holt der Schamane die Krankheit – die sich nach der bekannten primitiven Auffassung der Maya[6] als Dämon in den Körper einnistet – aus dem Leib des Kranken, um sie fortzuschleudern.[7] Das Böse kann jedoch auch die ganze sublunare Welt befallen und den Weg der Seelen hindern. Deshalb müssen aus der ganzen Welt die bösen Geister ausgetrieben werden, und »wenn die bösen Geister [aus der sublunaren Welt] ausgetrieben sind, sieht die Seele (*pix-an*)« (C. P. 4, Rand). Das Zeichen enthält manchmal einen Baumwollschal (Nr. 161), der die Schutzfunktion der Beschwörung betont. Dieses Ritual ist so wichtig für das Einfangen der Seele, daß es fast als erstes Hilfsmittel dafür genannt wird, gleich nach der Sehergabe des Priesters (C. P. 4, Rand) und noch vor dem Knospenopfer (C. P. 6, Rand). (Ganz offensichtlich sind die Rituale nicht chronologisch geordnet, denn das letztere bereitet die Intervention des *Moan* vor, noch lange vor der Umwandlung des geläuterten Toten in den *Pix-an*.)

»Ruft das kostbare heilige Wachstum der Knospen hervor« (C. P. 3), empfiehlt die Gottheit dem Magier in Ekstase und reicht ihm die Instrumente der Ekstase und der Opferhandlungen. Darüber fliegt ein Vogel, wahrscheinlich der *Moan*, der den Priester mit offenkundiger Sympathie anblickt. Analog dazu verweist die »Knospe« (Nr. 17) der Pflanze, vielleicht einer Kaktusart, auf das Keimen des Fleisches nach der Besamung, vom Ursprung ausgehend, weshalb der Punkt oder der kleine Kreis des Ursprungs in den knospenden Baumstamm eingezeichnet ist. Ebenso wie die geheimnisvolle Kraft des Keimens der Pflanze die Wiedergeburt sichert, sichert die geheimnisvolle Ausstrahlung des *Moan* die Wiedergeburt im Vorhimmel. Das

134

Geheimnis der Knospe sichert allein das Überleben der menschlichen Art.

Über den Ablauf des Rituals erfahren wir nichts. Nach der Zeichnung wäre vorstellbar, daß wie heute noch ein blühender Zweig einer »kühlen Pflanze« – nur solche können dem Himmel angeboten werden – auf den Altar gelegt wurde: In einer Handfläche mit abgespreiztem Daumen – die Geste der Darbietung – liegt ein Zweig mit mehreren Knospen.

Das »Blütenopfer für die Götter« (Nr. 181), das bei den Lacandonen noch heute so wichtig ist, wird auch in unserem Text erwähnt (C. P. 10) und hat dort den gleichen Stellenwert, den ihm auch die letzten freien Nachkommen der Maya noch zuschreiben: es ist das wichtigste der Opfer. Bei den Lacandonen nehmen die Blüten sogar stellvertretend für die Götter die neuen Opfergefäße entgegen, die ihnen anstelle der Gefäße des alten Jahres geweiht werden. Daraus ist zu schließen, daß die Blume eine zweifache rituelle Funktion hatte: Sie repräsentierte die Götter, und sie stellte das Opfer an sie dar. Verständlicherweise hat sie bei der christlichen Landbevölkerung in Yucatan nur letztere Bedeutung bewahrt. Die Ambivalenz aber scheint charakteristisch für die Maya-Religion: Sie deutet hin auf die Einheit der göttlichen und der menschlichen Welt, die Einheit von Natur und Kosmos, die Einheit der pflanzlichen und der menschlichen Welt.[8]

Vor allem mit der Wiedergeburt der Pflanzen sind die Rituale für die Wiedergeburt der Menschen engstens verbunden, wie erwähnt steht das Zeichen für Mais (kan) für die Zeugung im allgemeinen, für die pflanzliche wie für die menschliche. »Die Kostbarkeit des Ackerbaus steigt hernieder in den Tempel« (C. P. 9). Diese »Kostbarkeit« wird durch einen Skarabäus ohne Flügel (mac-ech) symbolisiert, ein bevorzugtes Schmuckstück der alten Maya, das man um

Der Maisgott. (C. M. 12)

den Hals oder am Handgelenk trug, während das traditionelle Pflanzholz (Nr. 65) und eine Reihe von Saatkörnern oder Sternen (Nr. 67) anscheinend eine gute Ernte bedeuten.

Zuletzt sind noch die Reinigungsrituale zu erwähnen: Wenn etwa die verlassenen Toten – die »verlorenen Menschen« – sich in heftige Winde verwandeln, wie heute noch die »inzestuösen« Menschen (nach dem Einfluß der Missionare), so ist das eine Folge der Sünden der Menschen. Diese Sünden können durch Reinigungsrituale getilgt werden, die die Lebenden sowohl als auch die Toten rehabilitieren. Keine andere Auffassung wäre den alten asiatischen Religionen (etwa der Shinto-Religion) näher verwandt – der Weg der *Kami*, der Götter, der durch Reinigung beschritten werden kann – und zugleich dem Buddhismus, der weder ewige Götter noch Dämonen kennt, nur das Karma, die »Tat«, von der das Individuum allein seine Verantwortlichkeit herleitet.

Es gibt ein Symbol (und wahrscheinlich ein Hauptritual), das alle Rituale zusammenfaßt: die »Drei Kostbaren

Dinge« (Nr. 24), eine Bezeichnung, die ich vorläufig für die dreifache Darbietung vorschlage, die so oft vorkommt. Auf einem Altar (C. P. 6, Rand, und C. P. 7) stehen drei leicht zu identifizierende symbolische Gegenstände: rechts die Knospe, in der Mitte das Gefäß mit dem Opferblut, links das Opfermesser. Im »Tempel der Drei Kostbaren Dinge« (C. P. 7) offenbart sich die göttliche Macht und erfüllen sich die Gebete des Sonnenpriesters. Das Zeichen faßt die Handlungen der priesterlichen Welt zusammen, die die himmlischen Kräfte in Bewegung setzen und mit ihnen zusammen Nahrung und Wiedergeburt hervorbringen.

Anmerkungen

1 Siehe C. P. 17: Das von Landa als *z* geschriebene Zeichen scheint z. T. »Opfergabe« zu bedeuten (*zi, zib*); es ist sehr ähnlich.

2 Redfield, a. a. O.

3 Redfield, a. a. O.

4 Bei den Maya wurden meistens während des Totenfestes, wenn in den Gräbern kein Platz mehr war, die Gebeine der Toten ausgegraben, die vor zwei oder drei Jahren beerdigt worden waren. Sie wurden auf ein frisches Tuch gelegt, sorgfältig gereinigt und in ein weiteres Tuch gewickelt, dann in eine kleine Büchse getan, nach Hause mitgenommen und in ein Fach unter den mit Lebensmitteln geschmückten Tisch gelegt. Der *maestro cantor* sprach Gebete, und die Toten wurden angerufen.
Im Süden Japans findet alle fünf Jahre eine ähnliche Zeremonie statt: Die Gebeine werden ausgegraben, an Ort und Stelle gereinigt, in ein Gefäß eingeschlossen und beerdigt.

5 Einigen Festen habe ich selbst beigewohnt.

6 Teodoro Pennacchia, *La storia della medicina maya nell'interpretazione della »raccolta Lunardi«*, U. Giardini, Pisa 1960.

7 Die weiblichen Schamanen in Nord-Japan spielen vor allen ihren Hauptritualen – Anrufung der Toten und Heilung von Kranken – auf einem Instrument mit einer Saite, das mit einem Bogen gestrichen wird. Es heißt immer noch »Bogen« (*yumi*), obwohl es mittlerweile eine andere Form hat.

8 Der mexikanische Forscher Rafael Girard (*Los Chortis ante el problema Maya*, Mexico 1949) hat dankenswerterweise vor etwa 30 Jahren trotz dem schlechten Forschungsstand und der Unkenntnis der Schrift entdeckt, wie die Maya die Identität dieser zweifachen Wiedergeburt empfanden und auch heute noch empfinden.

10.
EINE ANDERE SICHT DER WELT

Die Maya-Schrift diente wahrscheinlich wie das Altchinesische ursprünglich nur rein religiösen Zwecken. Nicht ohne Grund ist der Hohepriester bis zuletzt der Hüter dieser Kunst geblieben. Die wenigen Manuskripte, die der Zerstörung entgangen sind, geben hauptsächlich religiöse Gedanken und rituelle Vorschriften oder Praktiken wieder. Das Manuskript in der Nationalbibliothek in Paris, das sich mit religiösen Grundgedanken und dem Schicksal der Toten befaßt, scheint teilweise von historischer Sichtweise geprägt. Für den Maya ist der Geschichtsverlauf untrennbar mit dem Schicksal der Toten verbunden; ihre Wiederkehr ist Bedingung für das Überleben der menschlichen Gesellschaft.

Die Steinschrift, die vor allem die Fürstengräber schmückt, muß auch andere Zwecke gehabt haben. Ihre Entzifferung – die durch die vorliegende Arbeit erleichtert wird – trägt vielleicht dazu bei, die Geschichte des Maya-Volkes besser zu verstehen; der fruchtlose Streit um den historischen Inhalt von Texten, die man nicht lesen kann, wird damit ein Ende haben. Jedenfalls liegen mit der Entzifferung des Pariser Codex schon einmal die Grundzüge einer kaum bekannten Metaphysik vor, die trotz der bei den Lacandonen und den Bewohnern von Yucatan noch lebenden Glaubensformen ganz unzulänglich interpretiert wurde, da sie bei ersteren durch den Niedergang der Kultur, bei letzteren durch die Christianisierung entstellt ist. Bis vor kurzem, bis zu den linguistischen Arbeiten von Mauricio Swadesh und seinen Mitarbeitern, hatte man dazu nur verschwommene und mißverständliche Vorstellungen von Wesen und Struktur der Maya-Sprachen, deren Verwandtschaft mit dem Chinesischen mit der vorliegenden Analyse erwiesen ist. Ähnlich wurde auch das religiöse Denken der Maya – selbst da, wo etwas davon bekannt war – von Forschern entstellt, wenn auch unbeabsichtigt, da sie an andere Ideologien gewöhnt waren, an christliche oder agnostische, und nicht wußten, daß dieses Denken asiatischen Religionen entstammte, denen wie der Maya-Religion der Gedanke der zyklischen Wiederkehr zugrunde liegt.

Die »Große Göttin«, die, unterstützt von dem auf ihrem Kopf zusammengerollten himmlischen Drachen, eine wichtige Rolle bei der Bewirkung der Wiedergeburt der Lebewesen spielt (links, Mitte). Rechts die Göttin in Kopulation mit einem Gott; nach einem weitverbreiteten Mythos bewirkt die geschlechtliche Vereinigung eines Gottes und einer Göttin die Wiedergeburt der Wesen. (Aus C. Dr. 22, 18, 21)

Wir haben, vielleicht zu oft, auf das *Bardo Thödol*, genannt das *Totenbuch der Tibeter*, auf den Buddhismus, den Shintoismus, auf das traditionelle chinesische Denken verwiesen. Es ist jedoch leichter, einen neuen Ansatz mit Bezugnahme auf Bekanntes zu definieren. Bisher hat man sich vor allem an die Kosmogonie gehalten, an Funktion und Namen der Gottheiten und ihre Erscheinungsformen, teils aus Mangel an Quellen, teils aber auch aus Neigung. Ein solcher Forschungsvorgang ist jedoch ebenso irreführend wie das »Wörterbuch der vedischen Götter«, wenn man es mit den großartigen Lehren des Vedanta, oder wie »der tibetische Götterhimmel«, wenn man ihn mit der Mystik der Lamas vergleicht. Die Begriffe bleiben leere Äußerlichkeiten, die zwar im Gedächtnis der Gläubigen noch einigermaßen vorhanden sein mögen, die aber für den ehemaligen Weisen, für den Priester oder den Magier nur Symbolwert hatten. Das Leben, die Religion, der Sinn der Riten verbargen sich unter bisweilen bizarren Zeichen. Nur aus dem inneren Leben der alten Maya aber ist ihre Kultur zu verstehen, ihre soziale und geistige Wirklichkeit wiederherzustellen, nach Quellen allerdings, die sehr knapp und noch dazu stark beschädigt sind, zugleich aber sehr dicht und voller Wiederholungen wie alle sakralen Texte. Gerade das jedoch macht unseren Text neben den so geheimnisvollen rituellen Vorgängen, die er beschreibt, so anziehend.

Mit einer Genauigkeit, die den Abendländer des 20. Jahrhunderts mit seiner »objektiven« Sicht des sexuellen Lebens überraschen mag, wird das Geheimnis der Fruchtbarkeit beschrieben – wobei wie im Buddhismus oder im Christentum eine dritte, geistige Kraft eingeführt wird, die den Samen belebt und das Rätsel des Lebens erklärt. Wir dürfen nicht vergessen, daß es immer noch primitive Völker gibt, die für diesen Vorgang außerkörperliche, magische Einflüsse annehmen. Die relativ moderne Denkweise der Maya versöhnt den – scheinbaren oder wirklichen – Widerspruch zwischen den natürlichen Phänomenen und der geistigen Einstellung dazu.

Die Bauern in Yucatan haben den alten Maya-Kult der Wiedergeburt beibehalten – wobei sie sich auf manchmal fast burleske Art bemühen, ihn mit dem christlichen

Glauben in Einklang zu bringen[1]; das zeugt von der großen Überlebenskraft dieses Kultes. Was die geistige Nahrung der klassischen Antike, die Grundlage pythagoreischen und platonischen Denkens war, war auch die grundlegende Idee der alten Maya-Religion. Sie ist nicht nur das Leitmotiv des Pariser Codex und der anderen Manuskripte, sie ist für die Maya die Bedingung der irdischen Existenz überhaupt und damit Grundbestandteil ihrer Mentalität. Wiedergeburt und Geburt sind ein und dasselbe, wie für den Christen die Seele dem Leben als solchem gleichgesetzt wird. Der Tod besiegelt für den Maya nicht sein irdisches Schicksal, er ist nur eine Zäsur im Zyklus Leben-Tod-Leben, der erst mit der Entvölkerung der Erde endet, die eintritt, wenn sich die Toten nicht mehr reinkarnieren können. Alle übrigen Darstellungen, die man lange für das Wesentliche der Maya-Metaphysik gehalten hat, sind nur Rahmen oder Illustration des Mysteriums der Wiedergeburt. Dies ist der neue Schlüssel zum Verständnis der Kultur der Maya, den uns die Entzifferung dieses »Totenbuches der Maya« in die Hand gegeben hat.

Zu wenig beachtet wurde bisher auch die Bedeutung, die bei den Maya der Ekstase beigemessen wurde. Daß der Seher, der *Chilan* oder *Chilam-Balam* in Trance mit den Göttern spricht und ihre Orakelsprüche übermittelt, wurde im Okzident mit verächtlicher Verwunderung betrachtet, der Kontakt mit anderen Existenzebenen wurde aufgrund einer »objektiven Einstellung« schlechtweg für eine Illusion, ja für Betrug gehalten. Welche Götzen konnten diese falschen Propheten denn schon befragen? Trance oder Ekstase sind aber nicht unbedingt nur Halluzinationen. Sie können sehr wohl eine Beziehung zu kaum bekannten und unerforschten Kräften herstellen, sie können empfänglich machen für metapsychische, paranatürliche Manifestationen, ohne daß Metaphysisches dabei im Spiel sein muß.

Selbst für den materialistischen Wissenschaftler könnte also dieses Feld durchaus einer konkreten Wirklichkeit entsprechen. Auf jeden Fall verdient die religiöse Auffassung unsere Achtung, gleich auf welcher Tradition sie beruht. Die Verachtung, mit der die spanischen religiösen Eiferer den *Chilan* verfolgten, ist deshalb nichts als ein Zeugnis ihrer Blindheit.

Die Bedeutung, die die Maya der Ekstase einräumten, läßt ihre Religion in ganz anderem Licht erscheinen. Sie steht weit über animistischen Ritualen und Götterbeschwörungen, sie befindet sich in einem Raum reiner Geistigkeit, mit Verehrungsformen, die aus einer abgeklärten und logischen philosophischen Auffassung entstanden sind, die der subtilen ihr verwandten chinesischen Religion in nichts nachsteht. Die mystische Erfahrung der Maya ist Bestandteil sozialer Gegebenheiten und prähistorischer und prälogischer Denkschemata, die den Maya und den Chinesen gemeinsam sind. Sie hat sehr schnell hochentwickelte Techniken und eine Kraft geistiger Durchdringung erreicht, deren hohen Wert wir langsam erkennen, auch dank der Kenntnis des Lamaismus, mit dem sie so viele erstaunliche Ähnlichkeiten hat und der seit der Zeit, als das Denken der Maya auf seinem Höhepunkt war, erhalten blieb.

Was wir über die Mentalität der Maya wissen, über ihre außergewöhnlich präzisen astronomischen Kenntnisse, über ihr Alltagsleben, ihre Agrartechnik und ihre zur Zeit der Eroberung hochentwickelte Stadtkultur, verbietet es, über ihre mystischen Erfahrungen verächtlich hinwegzusehen. Sie offenbaren eine ebenso tiefgründige und offene Mentalität wie die großen Lehren des klassischen Asien und sind weit entfernt von den Vorurteilen des Abendlands, die unsere paranatürlichen Kenntnisse eingeengt haben. Die geistige Entwicklung der Maya darf nicht mehr nach den mageren Quellen und nicht mehr nach den verfälschten oder rückständigen Berichten noch existierender Stämme beurteilt werden. Die handschriftlichen Zeugnisse selbst der letzten ihrer Priester heben die Metaphysik der Maya auf ein universelles Niveau; dort kamen intellektuelle Fähigkeiten und psychische Kräfte zum Tragen, um die wir die Asiaten, die sie besser bewahren konnten, heute beneiden.

Die Reinkarnationslehre der Maya steht, wie sich aus der vorliegenden Studie ergibt, der buddhistischen Lehrmeinung, wie sie im 1. Jahrhundert v. Chr. nach China gelangte, in vieler Hinsicht wesentlich näher als der ziemlich undeutlichen Konzeption der alten Chinesen vor der Trennung der beiden Völkergruppen. Es gab offenbar in dieser Hinsicht kein gemeinsames Vermächtnis, dazu war auch die Mentalität der beiden Völkergruppen zu so früher Zeit für so differenzierte philosophische Vorstellungen noch nicht ausgebildet genug. Andererseits hatte der Glaube der Maya an die zyklische Wiedergeburt seine Wurzeln nicht in Amerika, er ist dort ohne Beispiel. Man könnte natürlich an eine spontane Entwicklung des asiatischen Vermächtnisses denken; das würde wenigstens zum Teil die Eigenheiten dieses Systems erklären, vor allem die Aktivität des *Moan*. Es bliebe aber immer noch erstaunlich, daß alles übrige, in erster Linie die Individualisation des Zyklus und die Handlungsweise des Priesters, direkt in die Richtung der buddhistischen Lehre weist. Es ist ein Vorurteil, wenn maritime Kontakte, zumindest gelegentliche, ausgeschlossen werden. Genausogut wie ganze Stämme hätten auch einzelne asiatische Schiffe, freiwillig oder nicht, gelegentlich oder regelmäßig, übers Meer kommen können – und wie ist das angesichts der Verwandtschaft der Sprachen und der Schrift zu bezweifeln? Dennoch reichen Behauptungen und einzelne Fakten natürlich nicht aus, um das zu beweisen. Es bleibt zudem noch die Frage, und deren Beantwortung ist für diese Beweisführung um so wichtiger, ob die Maya schon sehr früh von feindlichen Stämmen von der amerikanischen Pazifikküste ins Landesinnere zurückgeworfen wurden. Diese Frage ist nicht das Thema meines Buches, aber sie wird mit ihm wieder aktuell, ebenso wie viele Arbeiten über Ähnlichkeiten und Übereinstimmungen zwischen den asiatischen Kulturen und der Maya-Kultur auf den Gebieten der Kunst, vor allem der Architektur, die bisher ohne Echo geblieben sind.

Diese Verwandtschaft von zwei durch einen Ozean getrennten Völkern macht die Kulturleistung der Indo-Amerikaner deshalb nicht geringer. Welche Zivilisation ist nicht nahen oder fernen Nachbarn verpflichtet? Die Menschheit hat sich seit ihren Anfängen immer wieder durch gegenseitige Einflußnahmen erneuert. Die Thesen der Amerikanisten auf der Suche nach der Wiege der mittelamerikanischen Kulturen in Amerika selbst haben sich oft genug als unhaltbar erwiesen. Die Erforschung der Maya-Kultur muß heute auch mit den Mitteln der Orientalistik betrieben werden.

Anmerkungen

1 »Gott hat nicht genug Seelen, um die Wiederbevölkerung der Erde sicherzustellen.« (Redfield, a. a. O.)

ZWEITER TEIL

DAS TOTENBUCH DER MAYA
TEXT UND MATERIALIEN ZU SEINER
ENTZIFFERUNG

11.
EIN VERGLEICH DER MAYA-SPRACHE MIT DEM CHINESISCHEN

Wort- und Satz-Struktur

Etymologisch betrachtet, sind die Wörter im Chinesischen und in der Maya-Sprache alle monosyllabisch – die wenigen Ausnahmen sind noch nicht analysierte, zusammengesetzte Wörter. Die starke Tendenz des heutigen Chinesisch, bisyllabische oder gar polysyllabische Wörter zu bilden, oft zusammengesetzt aus Synonymen, spricht nicht gegen dieses Prinzip. Ebenso verhält es sich mit den zusammengesetzten Wörtern der Maya-Sprache, die als polysyllabische Begriffe empfunden werden und heute den größten Teil des Vokabulars ausmachen (ich verweise auf die sehr aufschlußreiche Untersuchung im Wörterbuch von Swadesh, Alvarez und Bastarrachea).

Beide Sprachen, Chinesisch und Maya, bilden neue Begriffe einfach dadurch, daß sie zwei verschiedene übereinanderlegen. So z. B.: Chin. *wén*, »verschlungene Linien«, *huà*, »verändern«, *wén-huà*, »Kultur«; Maya *t'an*, »sprechen«, *mex*, »umarmen«, *mek-t'an*, »regieren, herrschen«.

Die chinesischen Wörter sind, von einigen Ausnahmen abgesehen, keine Wörter mit festgelegter grammatikalischer Funktion (Verbum, Substantiv, Adjektiv, Pronomen, Präpositionen, Kopula usw.). Sie können je nach ihrer Stellung im Satz und gemäß dem Kontext die eine oder andere Funktion haben. Ähnlich gibt es in der Maya-Sprache keine absolute Unterscheidung zwischen Verb und Substantiv, sondern lediglich die Hinzufügung eines Affixes bestimmt die Funktion. Ein Beispiel: Chin. *sheng*, »das Leben, zeugen, geboren werden«; Maya *cux-t-al*, »das Leben, leben«, *t'an*, »das Wort, sprechen«. Hier wie dort kann ein Wort in einem kurzen Satz eine doppelte Bedeutung haben: Chin. *jūn jūn*, »der Fürst – übt sein Fürstenamt aus«; Maya *u t'an*, »sein Wort« oder »er sagt«.

Das Chinesische benutzt – wie die Maya-Sprache – eine Reihe von Suffixen für Namen oder Verben, um dem Begriff einen spezifischen Charakter zu verleihen. Z. B.: Chin. *-fa*, »Art und Weise zu . . . «, *-xing*, »Charakter, Natur«; Maya *-Vch*, Qualitätsspezifikativ, *-ay*, Kollektiv, *-il*, Abstraktiv, usw.

Im (modernen) Chinesisch wird bisweilen ein (monosyllabisches) Verb verdoppelt, um die Bedeutung im Sinne von »ein wenig . . . «, »kaum . . . « oder »schnell . . . « zu verstärken oder abzuschwächen. So auch in der Maya-Sprache, wo bestimmte Wörter ganz oder teilweise verdoppelt werden, um sie zu nuancieren. Ein Beispiel: Chin. *wo kàn shū*, »ich lese (das Buch)«, *wo kàn kàn shū*, »ich lese ein wenig«; Maya *chac*, »rot«, *cha-chac*, »rötlich«, *ch'an*, »müßig«, *ch'an-ch'an-ol*, »kränklich«.

Die Satzstruktur des einfachen chinesischen Satzes, die die grammatikalische Funktion der Einzelteile bestimmt, wird im Chinesischen strikt eingehalten: Subjekt-Verb-Satzergänzung. Gewöhnlich herrscht in der Maya-Sprache die gleiche Reihenfolge.

Im Chinesischen können ein Nomen oder auch ein ganzer Satz ein Nomen bestimmen: Das Bestimmende muß dann vorausgehen. Ebenso kann in der Maya-Sprache ein Nomen ein Nomen bestimmen; es wird dann vorangestellt. (Das moderne Chinesisch setzt dann allerdings, mit gewissen Ausnahmen, zwischen die beiden Wörter die Partikel *de*, »von«.) Dieselbe Regel gilt für das Adjektiv, das in beiden Sprachen dem Nomen vorangehen muß.

Eines der auffälligsten Merkmale des Chinesischen ist, daß zwischen das Zahlenadjektiv, das zwangsläufig vor dem Nomen steht, und dem dazugehörigen Nomen eine Partikel eingeführt werden muß, ein Numeralklassifikator, der je nach der Art des Gegenstandes variiert. (Das Japanische hat diese Eigenheit mit der chinesischen Zahlenreihe übernommen.) Dieselbe imperative Regel in derselben Abfolge besteht durchgehend auch in der Maya-Sprache. In beiden Sprachen gibt es relativ viele solcher Numeralklassifikatoren. Kommt zu der Gruppe Zahlenadjektiv-Klassifikator-Nomen darüber hinaus noch ein Demonstrativ, so steht dieses in beiden Sprachen am Anfang.

Beide Sprachen kennen kein Possessivpronomen oder genauer gesagt »Possessiv-Adjektiv«. Sie bedienen sich eines Personalpronomens. Das Chinesische läßt dem Pronomen die Partikel *zhi* (mod. Chin. *de*) folgen, die die Abhängigkeit kennzeichnet.

Der Singular wird in beiden Sprachen nicht durch eine besondere Partikel hervorgehoben. Im Chinesischen wird der Plural nicht angezeigt, er ergibt sich aus dem Kontext, jedoch kann das Personalpronomen ein Pluralsuffix haben (-*men*). Die Maya-Sprache dagegen bezeichnet den Plural durch das als Suffix verwandte Pronomen -*e'x*, »ihr«, oder -*o'b*, »sie«, was eigentlich keine unabhängige Pluralform ist.

Die Richtung wird im Chinesischen durch ein dem Verb nachgestelltes Komplement der Richtung angezeigt (*lái*, qù), wenn das vorangehende Verb keine Ergänzung hat; andernfalls folgt es der Ergänzung, steht also im letzten Satzteil. In der Maya-Sprache wird die Handlung zeitlich und räumlich durch eine dem Verb angeschlossene enklitische Hinzufügung (-*i*, »dort« etc.) bestimmt; sie steht ebenfalls immer am Satzende, nach eventuellen weiteren Suffixelementen des Verbums.

In beiden Sprachen wird das Verb »sein« im allgemeinen nicht ausgedrückt.

Auf den ersten Blick ist das Verbalsystem nicht so ähnlich wie die Satzstruktur. Bei näherer Untersuchung ergibt sich aber eine grundsätzliche Analogie. Die früheren Grammatiker haben versucht, das Verbalsystem der Maya-Sprache dem der indo-europäischen Sprachen anzuglei-chen, und sahen Flexionen in den Personalpronomen, die als Suffix an den Verb-Stamm angehängt werden. Swadesh, Alvarez und Bastarrachea haben diesen Irrtum jedoch richtiggestellt, und so verfügen wir heute über korrekte Untersuchungen, welche zeigen, daß die Maya-Sprache wie das Chinesische konstruiert ist: Pronomen + Verbstamm + Suffix oder Aspekt-Präfix, wobei das Pronomen in der Maya-Sprache bisweilen als Suffix wiederholt wird.

Im Chinesischen werden keine Zeiten angezeigt. Die Zeit wird aus dem Kontext abgeleitet und manchmal durch ein Adverb gekennzeichnet wie »früher« (*cónq qián*) oder »in Zukunft« (*jiān-lái*). Der Verbstamm bleibt im allgemeinen unverändert, das Personalpronomen geht voraus. Wesent-lich ist, daß die Verbalsuffixe sowohl in bezug auf Vergan-genheit wie auf Zukunft folgende Vorgänge anzeigen kön-nen:

1. Kontinuität, Dauer oder Verlaufsform (*zhe*);
2. die Tatsache, daß die Erfahrung der zum Ausdruck kommenden Handlung schon einmal gemacht wurde (*guo*);
3. der vollendete Aspekt (*le*).

Die Maya-Sprache hat ein analoges System. Neben einem neutralen Verbalaspekt (Pronomen – freier Verbalstamm –

modales Suffix) gibt es Verbalpräfixe, die dem freien Pronomen vorangestellt werden und hinweisen auf:

1. den Durativ (Präsens *tan*);
2. das Habituelle (Präsens *c-*, Vergangenheit *t-*, Futur *bin*);
3. das Habituelle, das die Zeit impliziert (Präsens *c-*,Vergangenheit *t-*, Futur *bin*), wobei der Verbstamm unverändert bleibt. Mit Ausnahme der Stellung des Affixes entspricht der letztere Modus ganz dem chinesischen System, er scheint mir tatsächlich den ursprünglichen Zustand des Chinesischen bewahrt zu haben.

Die vollzogene Handlung wird in der Maya-Sprache wie im Chinesischen durch ein Verbalsuffix (*-ma*) angezeigt und weist darauf hin, daß die Handlung ganz abgeschlossen ist.

Parallel dazu hat die Maya-Sprache ein Suffixsystem des temporalen Verbalaspekts entwickelt: Pronomen + Verbstamm + Modalsuffix (Präsens *-ic*, Vergangenheit *-eh*, Futur *-Vc*), welches den oben genannten Aspekten überlagert ist. Dieses System fehlt im Chinesischen zwar nicht ganz; die Suffixe treten aber, falls vorhanden, wie die unabhängigen Modalpartikel in Erscheinung, die am Ende des Satzes noch nach der direkten Ergänzung stehen. Sie zeigen namentlich das sich vollendende Präsens an: *ne*, »im Verlauf zu«, und das nächste Futur: *le*, »gerade dabei zu«.

Der Imperativ schließlich wird in beiden Sprachen durch den unveränderten Verbstamm gebildet.

Lexikologie und phonetische Regeln

Meine Sondierungen beziehen sich lediglich auf semantisch gleich oder sehr ähnlich gebliebene Begriffe. Eine methodische Untersuchung, die auch die unvermeidlichen semantischen Schwankungen berücksichtigt, kann das Feld erster

Annäherungen beträchtlich erweitern. Zudem beziehen sich diese ausschließlich auf den Pekinger Dialekt; er ist, wenn man ihn mit den chinesischen Dialekten des Südens und mit anderen verwandten Sprachen vergleicht, charakterisiert durch das Fallen des Endkonsonanten – der in der Maya-Sprache immer erhalten blieb – und durch Vokalisierung oder Nasalierung. Eine besondere Schwierigkeit entsteht aus dem Vergleich zwischen einzelnen Phonemen in beiden Sprachfamilien, vor allem spezieller Zischlaute. Das Ergebnis ist also ein vorläufiges; es ist jedoch deshalb nicht weniger überzeugend.

Ich habe die üblichen Transkriptionen benutzt, die für beide Gruppen ganz verschiedene sind, und in Klammern die ungefähre Aussprache angegeben.

Maya	Chinesisch
Endkonsonat -*b*:	am Ende -*o* oder Null:
lab, alt	*lao*, alt
lub, herabsteigen, fallen	*luò*, herabsteigen, fallen
cab, intensiv, fruchtbar, stark	*gǎo*, fruchtbar, fett
tub, speien	*tuò*, speien
Endkonsonant -*k*, -*c*	Nasalierung
hak, Schrecken, erschrecken	*huǎng*, verwirrt, erschreckt, beunruhigt
chac (spr. *tschac*), stark, intensiv	*qiáng* (spr. *tschiang*), stark
tzic, gehorchen	*ting*, hören, gehorchen
dzoc, Ende, enden	*zhōng* (spr. *dschong*), Ende, enden

muc, bedecken, begraben	*méng, mong, mung*, bedecken, einwickeln
puuc, Berggipfel	*fĕng, fung*, Berggipfel
Endkonsonant *-l*	*-r* (spr. *l*)
al, Kind, Sohn	*ér*, Kind, Sohn
Endkonsonant *-x*, *-z*, *-c*, *-ch'*, *-ch*	Null
kux, Haß, Schmerz	*ku*, Kummer, Leid, Bitterkeit
ez, falsch, betrügen	*é*, falsch, betrügen
ch'u, *ch'uch*, Kind	*rú* (spr. *hsu*), Kind
muc-nal, Grab	*mù* Grab
tich', heben	*tí*, heben
chuc, nehmen, ergreifen, erreichen	*qū* (spr. *tschu*), nehmen, bringen, holen
Endkonsonant *-m*	Null
lu'm, Erde, Lehm	*lù*, festes Land, Kontinent
mam, Mutter, Großmutter mütterlicherseits	*mă, mu*, Mutter, alte Frau
Enddiphthong *-uy*	*u*
chuy-ba, Gattin	*qu* (spr. *tschu*), Gattin
Anfangskonsonant *ch-* (spr. *tsch*)	*q* (spr. *tsch*)
chin, neigen	*qīn*, Respekt, verehren

Anfangskonsonant *k*	*k*
kan, Mais	*kan*, Stengel
ku, Gott	*ku*, Gott

Anfangskonsonant *z-* (spr. hartes *s*)	*sh-*, *x* (spr. *sch*)
zen, sehr, viel	*shèn*, sehr stark, gut
zi, *zib'*, Gabe, Opfergabe	*shi*, verteilen, geben, etwas schenken
zub, Scham, Schande	*xiū* (spr. *tschio*), Scham, Schande

Anfangskonsonant *x-* (spr. *sch*)	*sh* (spr. *sch*), *x-* (wie in deutsch »ich«) *h* (wie in deutsch »Bach«)
xau, Zehen	*shou*, Hand, Finger
xob, pfeifen	*xiào*, pfeifen, schnauben
xan, langsam	*huán*, langsam
ximbal, *xin-bal*, gehen	*xing*, gehen

Anfangskonsonant *m-*	*m-*
ma', nein, Negation	*mò*, nein, ohne
mai, *maay*, Staub	*mái*, Staub

Anfangskonsonant *b-*	*b-*
be, Weg, gehen	*bù*, Schritt, gehen

Anfangskonsonant *t-*, *t'-*	*t-*
t'an, Sprache, sprechen	*tán*, sich unterhalten, sprechen
tub, speien	*tuò*, speien

Anfangskonsonant *(w)u-*	*w-*
(w)ui, essen	*wèi*, ernähren
(w)u-, ich, du, wir	*wú*, ich

Anfangskonsonant *dz-*	*zh-* (spr. *dj-*)
dzam, *dzan*, naß machen	*zhăn*, naß machen
dzoc, Ende, enden	*zhōng*, Ende, enden
dzac, wachsen, zunehmen (siehe oben für *-ac = ang*; *-oc = ong*)	*zhăng*, treiben, wachsen

gleicher Anfangslaut	*j* (sehr weiches *dj*)
dzena, Tante mütterlicherseits	*jin*, Tante mütterlicherseits
dza, geben	*jiáo*, geben
dzoy, siegen	*jié*, siegen etc.

Man wird sich fragen, warum die Aussprache-»Töne«, die als das grundlegende Charakteristikum der chinesischen Sprache angesehen werden, hier völlig unberücksichtigt geblieben sind. Ich bin aber aufgrund meiner Studien zu der Überzeugung gelangt, daß es sich dabei um eine sekundäre Erscheinung in der Entwicklung des Chinesischen handelt, die hervorgeht aus der nach dem Fall des Endkonsonanten notwendigen Dissimilierung der zahllosen Homophone. Innerhalb des Chinesischen kann die Tonhöhe in einigen Fällen von Euphonie bei ein- und demselben Wort – mit demselben Sinn – unterschiedlich sein, dieses System fehlt jedoch bei den anderen Vertretern dieser Sprachgruppe, etwa beim Vietnamesischen, wo der Endkonsonant meist beibehalten wurde; es liegt also kein Spezifikum vor.

12.
DIE SCHRIFT DER ALTEN MAYA
UND DER ALTEN CHINESEN

Schon seit langem ist die Anordnung der Maya-Texte bekannt: Sie werden immer waagrecht und meistens von links nach rechts gelesen, seltener von rechts nach links (in unserem Manuskript sind unter den abgedruckten Seiten nur die Seiten 22–24 von rechts nach links geschrieben). Die Erforschung der ältesten chinesischen Schriftzeichen läßt den Schluß zu, daß die Hieroglyphen, aus denen sie hervorgegangen sind, ursprünglich ebenfalls waagrecht und von links nach rechts geschrieben wurden. Die länglichen Tiergestalten folgten dann später von oben nach unten aufeinander, mit nur wenigen Ausnahmen, in denen sie noch waagrecht von links nach rechts stehen. Mit der einzigen Ausnahme der Zeichen für Dinge oder Lebewesen, die mehr hoch als breit sind, haben die chinesischen Glyphen sichtbar eine Wendung um 90° im Uhrzeigersinn durchgemacht, um die Schrift auf Schildpatt-Dokumenten zu erleichtern, die schon von oben nach unten in Säulen von links nach rechts verliefen.

Von den Menschen- oder Tierwesen haben die Maya meistens nur den Kopf gezeichnet und das mit einem verblüffenden Realismus; allerdings gibt es zahlreiche Ausnahmen. Die Chinesen haben im Prinzip eine immer schematischere Darstellung des ganzen Körpers beibehalten; Organe wie das Auge wurden über die Umrisse eines im Verhältnis dazu sehr kleinen menschlichen Körpers gesetzt.

Die Maya umgaben die Zeichnung häufig mit einer Kartusche aus meist dicken Strichen. Leider irrten sich die

Forscher, als sie glaubten, die Kartuschen-Glyphen seien nur Worte oder Wortstämme, und die meisten anderen Glyphen Affixe zur Vervollständigung dieser Wortstämme. Es gibt hierfür keinerlei Anhaltspunkte. Was man für Affixe hielt, sind meist andere Wörter des Satzes. Die meisten Glyphen der Maya sind konkrete oder abstrakte Ideogramme, wie das einzige Beispiel bei Landa, der es anführt, ohne es recht zu verstehen (Zeichen Nr. 61, *ha*, »Wasser«). Wie im Chinesischen bilden oft zwei oder mehrere Zeichen eine Umschreibung des Bildthemas, so bei den Zeichen für die vier Himmelsrichtungen.

Als allgemeine Regel und entsprechend der Syntax der Maya geht das bestimmende dem zu bestimmenden Wort voraus; gruppenweise auftretende Glyphen sind nach dieser grammatikalischen Regel angeordnet. Wie im Chinesischen werden nur die Wortstämme schriftlich dargestellt, die Affixe – in der Maya-Sprache sehr zahlreich – müssen vom Leser dazugedacht werden. Die Schrift folgt also offenbar exakt dem chinesischen Modell, das sich bis heute nach der elliptischen Syntax richtet. Hier als Beispiel ein Satz aus den Schildpatt-Texten: »König – wahrsagen – sagen – haben – Fluch«, heißt: »Der König, der wahrsagt, sagt, daß ein Fluch eintreffen wird.« Man kann sich außerdem fragen – und der Vergleich der beiden Sprachen legt dies nahe –, ob in sehr alter Zeit, als die chinesische Schrift noch eine rein hieroglyphische war (ungefähr 3000–2500 v. Chr.) und sich parallel dazu die Maya-Schrift bildete, die Maya-Sprache nicht eine weniger reiche Syntax hatte, da sie sich ja wahrscheinlich im Kontakt mit den sehr verschiedenen indo-amerikanischen Sprachen entwickelte. Der Vorgang wäre nicht einzig in der Geschichte. Die konservative Denkart der Maya würde hinreichend erklären, daß die religiösen Texte auf unbestimmte Zeit diesen archaischen Zug bewahrt haben, im Gegensatz etwa zu neueren profa-

160

nen Texten, von denen die Informanten Landas zwei Beispiele erwähnt haben, welche die ideographischen Schriftzeichen silbisch und sogar alphabetisch benutzen.

Da es sich um Ideogramme handelt, können wir einzelne Wörter nur sehr schwer genau festlegen; es gibt zahlreiche Synonyme, die Nuancen sind vielfältig. (So stehen auch die Begriffe der Maya-Sprache im folgenden Katalog nur indikativ.) Erst viel später wird es möglich sein, den Zeichen ihre genaue Bedeutung beizulegen, und nur wenige Ausnahmen lassen keinen Doppelsinn zu, wie etwa das Zeichen Nr. 95 *caput-zih*, »Wiedergeburt«. Es erschien mir daher unnötig und auch zu gewagt, eine Wort-für-Wort-Transkription des Textes in die Maya-Sprache vorzunehmen. Ich habe den Sinn der Schriftzeichen direkt ins Französische übertragen und hinter jedes Zeichen eine Ordnungsnummer gesetzt; so kann der Leser im Katalog den oder die entsprechenden Begriffe und in einigen Fällen das Maya-Wort finden. Der Übersichtlichkeit halber habe ich die Übersetzung der einzelnen Zeichen durch einen einfachen Schrägstrich abgetrennt, wenn sie zu einer Gruppe gehören, und durch einen doppelten Schrägstrich, wenn sie einzeln oder als Ende der Gruppe stehen; die doppelten Schrägstriche haben also oft keinen Zusammenhang mit der Syntax.

Das Maya-Manuskript kennt wie die chinesischen Texte meist keine Interpunktion. Wie man weiß, erschwert dieses Manko das Verständnis der klassischen chinesischen Texte außerordentlich, es entstanden die verschiedensten und widersprüchlichsten Übersetzungen von berühmten Büchern wie dem *Taoteking*. Ich bin hier auf dieselbe Schwierigkeit gestoßen und habe mich – wie man es auch beim Chinesischen getan hat – durch die nächstliegende Deutung und die zum Glück sehr zahlreichen Wiederholungen leiten lassen.

Selbstverständlich war oft auch das Studium noch erhaltener Traditionen und alter Chroniken sehr aufschlußreich, und die Bedeutung konnte induktiv erschlossen werden. Meistens jedoch war das Gegenteil der Fall, und in der Tradition habe ich nur die Bestätigung für meine bereits hergestellte Lesart gefunden.

Ich möchte dem Leser noch einmal nahelegen, zuerst einmal in die Lehre einzudringen, die sich oft implizit aus dem sehr gedrängten und rein auf den religiösen Ritus ausgerichteten Text ergibt: Wie bereits angemerkt, ist die Aufzeichnung eines Rituals kein metaphysisches Traktat, sie entwickelt keine übergreifende Lehre, denn diese ist denjenigen bekannt, an die sich der *Chilam* oder der Verfasser des Textes wenden. Solch ein Text kann heute ohne Einführung in den Gesamtkontext nicht sinnvoll gelesen werden. Ich habe versucht, eine solche Einführung zu geben, so verständlich und aktuell, wie es bei einem so schwierigen Gegenstand möglich ist, dessen Grundgedanken von den vorhandenen Arbeiten zu diesem Thema zudem zum größten Teil völlig mißverstanden werden.

13.
BESCHREIBENDER KATALOG
UND ÜBERTRAGUNG DER ZEICHEN
AUS DEM PARISER CODEX

Mit Rücksicht auf die Verwandtschaft der chinesischen und der Maya-Schriftzeichen und auf die Zeichenfamilien, wie sie sich aus der fortlaufenden Lektüre ergeben, habe ich das klassische System – das auf einer irrtümlichen Unterscheidung von Grundzeichen und Affixen beruht – durch eine neue Klassifizierung ersetzt: Ich habe ein »Schlüssel«- oder Grundzeichensystem zugrunde gelegt, soweit das möglich war (für das Chinesische das einzig brauchbare Verfahren), oder die Zeichen gleicher Art nach ihrer Bedeutung gruppiert. Der Katalog enthält mit nur wenigen Ausnahmen die Zeichen, wie sie im C. P. verwendet wurden; die Nummern, die hier nicht auftauchen, bezeichnen Maya-Schriftzeichen, die sich nicht im C. P. finden.

Einteilung nach Sachgruppen

1. Zeugung: Nr. 1–19
2. Klänge: Nr. 20–34
3. Der Körper: Nr. 35–48
4. Das physische Universum: Nr. 49–72
5. Instrumente: Nr. 73–79
6. Bewegung: Nr. 80–94
7. Wiedergeburt: Nr. 95–106
8. Der Mensch und die Götter: Nr. 107–127
9. Sehergabe: Nr. 128–157
10. Rituale: Nr. 158–184
11. Metamorphose der Toten: Nr. 185–204
12. Abstrakte Zeichen: Nr. 205–210

1 Oben

Das chinesische Zeichen »oben« (rechts) besteht aus einem Strich oder einem Punkt über der Fläche (der Erde oder der Hand; beide heute vorgeschlagenen Interpretationen sind möglich).

2 Unten

Das chinesische Zeichen »unten« (rechts) setzt den Strich oder den Punkt unter die Fläche.

3 Vorhimmel

Kombination der Zeichen »oben« (Nr. 1) und »unten« (Nr. 2).

Das chinesische Zeichen (rechts), auf den ältesten Schildpatt-Dokumenten sehr häufig anzutreffen, verschwindet im späteren Schrifttum. Es kombiniert die Zeichen »oben« und »unten« in ähnlicher Weise und wird vorläufig »Oben-Unten« gelesen; es hat metaphysische Bedeutung. In Anlehnung daran kann dem Maya-Zeichen eine analoge Bedeutung beigemessen werden, die sich auf einen himmlischen Machtbereich bezieht. Vorläufige Interpretation: »im Vorhimmel«.

4 Kind

Zeichnung eines Kinderkopfes, kombiniert mit dem Zeichen »unten« (Nr. 2) im Sinne von »klein«.

5 Totes Kind, totgeborenes Kind
Das Zeichen vereint den Totenkopf (s. Nr. 187) und das Zeichen »unten« (Nr. 2).

6 Schwangerschaft, Mutterschaft
Gebärmutter mit Embryo und weiblicher Brust.
Im Chinesischen (rechts) ebenfalls das Kind im Leib der Mutter für: »schwanger sein«.

7 Befruchtete Gebärmutter, Empfängnis

8 I. Ei, Hoden II. Sperma III. Zeugung
Darstellung von drei Eiern. Landa transkribiert mit dem Buchstaben *e*, vielleicht für *eel:* »Ei, Hoden«.

9 Empfängnis oder Mutterschaft
Gebärmutter, weibliche Brust mit Brustwarze. In der Gebärmutter das Zeichen »Zeugung« (Nr. 8).

10 Befruchtung der Frau
Vulva und Sperma.

11 I. Befruchtete Gebärmutter II. Befruchtung, Empfängnis
Schraffur: im Original rot gemalt; das Ei schwimmt im Blut.

12 I. Busen, Mutterbrust II. Mutterschaft
Weibliche Brust.
Rechts: chinesisch »Busen«.

13 Säugen, Nähren, Nahrung
Abstrakte Zeichnung der weiblichen Brust. Wahrscheinlich Variante von Nr. 12.

14 Kopulation
Die aneinandergelegten Geschlechtsorgane. Der schwarze Halbkreis ist im Original rot, die Eierstöcke sind ausgespart. Rechts unten liegt das Zeichen »verbreiten, vergießen« (Nr. 89), links unten vielleicht die Gebärmutter.

15 Fötus, Fruchtbarkeit
Mutterschoß und -brust (rechts) neben einem Fötus.

16 Stark entwickelter Fötus oder Frühgeburt
Die Entwicklungsstufe des Gesichts befindet sich zwischen dem eines Fötus (Nr. 15) und dem eines Kindes (Nr. 4).

1

2

17 Keimen der Knospen, Wachstum, Nachkommenschaft
Figur 5, mit den vorausgehenden nicht identisch, ihnen aber verwandt, erscheint in Landas Alphabet als *ku*. Es stellt das Knospen einer Pflanze (Kaktus?) dar, sollte also *kuk* gelesen werden: »der sich erneuernde Baum«, »Keimen der Knospen«, »Nachkomme«, »Sohn«.

166

3

4

5

Figuren 1–4 (bisher interpretiert als der schimmernde »Jade«-Stein): Stamm, aus dem Knospen hervorsprießen. Bedeutung: »Keimen des Lebens, Wiedergeburt, Zeugung«. Figur 2 hat zwischen den drei Knospen zwei gepunktete Linien, die wohl auf einen heiligen Vorgang schließen lassen.

Das chinesische Zeichen für »Zweig« (rechts), der sich beim Wachsen gabelt, kann vielleicht damit verglichen werden.

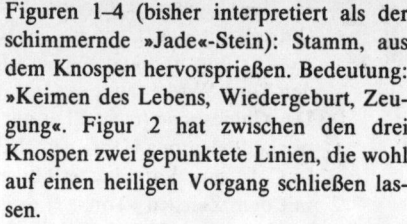

18 Kombination der Zeichen Nr. 8 (»Sperma, Zeugung«), 17 (»Wachstum« umgekehrt: »Herabkunft«), 20 (»Ton«) und Nr. 158 (»Ritual«). Bedeutung: »Ritual für die Herabkunft des Wachstums«.

19 **Wachstum**

2. KLÄNGE

20 **I. Ton, Geräusch, Stimme   II. Ruf**
Der Kreis am Ende einer gepunkteten Linie geht auf das Ohr zu oder von ihm weg (Nr. 21 und 22), der Ton wird also gehört oder ausgesandt. Daher das Wort »Ruf«, wenn der Ton sich entfernt. Siehe C. M. 37: »Ruf« oder »Stimme des Hundes«. – Verwendung in den Wörtern »hören« (Nr. 22), »erhören« (Nr. 21) und »Sprechen« (Nr. 23).
Das Chinesische verbindet für »Donner« dieselben Kreise (die etwa beim Schriftzeichen »Mund« zu Opfergefäßen werden) und den Blitz.

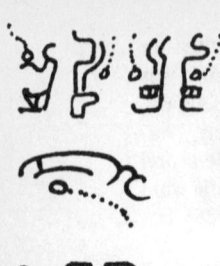

21 I. Anhören II. Erhören, gewähren

Darstellung des Ohrs (in verschiedenen Ausformungen) und des auf es zukommenden Tons. Wird er ausgesandt: bitten.

Das Chinesische (rechts) hat nur die organische Bedeutung »Ohr« beibehalten.

In C. M. eine Variante des Maya-Zeichens mit dem Zeichen »Ton«: Hier ist also die ursprüngliche Bedeutung »Ohr« erhalten geblieben.

22 Hören, horchen

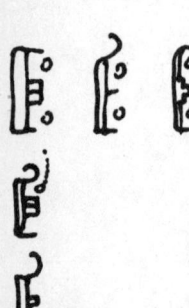

Landa schreibt u, vielleicht für *ub, uy:* »hören«. Das Zeichen steht immer senkrecht. Die beiden Kreise bedeuten »Ton, Geräusch« (Nr. 20). Manchmal erscheint der Ton am Ende der gepunkteten Linie. Nicht zu verwechseln mit dem Zeichen Nr. 21, der Darstellung des Ohres.

Die chinesische Version (rechts) hat das Ohr und ähnliche zwei Punkte für »Ton«, die später zu »Mund« werden (»Kästchen für das Wort Gottes«).

23 Wort, sprechen

Das chinesische Zeichen für »Wort« (rechts) stellt das »Kästchen« dar, in dem das an Gott gerichtete Wort des Bittenden eingeschlossen ist und das auf dem Altar steht. Es hat die Form des Opfergefäßes. Darüber die Figur »Sünde«, für die der Gläubige Gott um Verzeihung bittet. (Das Wort ist immer heilig.)

Das Maya-Zeichen muß vom Zeichen »Altar« und vom Zeichen »hören« unterschieden werden. Die Elemente von Zeichen Nr. 22 liegen in einem geschlossenen oder fast geschlossenen Ring, vor ihnen liegt ein mehr oder weniger gekrümmter Strich.

24 I. Die Drei Kostbaren Dinge
Sie stehen aufrecht auf dem Altar: »Opfermesser«, »Opferblut« und »Keimen der Knospen«.
II. Tempel der Drei Kostbaren Dinge

25 Seele *(pix-an)*
Vorläufige Benennung, zur Analyse dieses Zeichens siehe Kapitel 6.

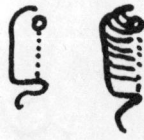

26 Das noch eingeschlossene Korn vor dem Keimen.

27 Bitten, ersuchen
Die Wellenlinien zur gepunkteten Linie hin sind meist rot.

28 Ruf, rufen (?)
Der Ton (Nr. 20) bewegt sich auf ein undefinierbares Ziel zu. Vielleicht eine Variante von Nr. 21.

169

29 Heraufbeschwören
Die beiden Kreise (manchmal ein Quadrat) für »Ton«
(Nr. 20) und drei Punkte (für »Zeugung«?).

30 Der Drache fleht den Himmel an
Der aufsteigende Ton (Nr. 20) überbringt die Botschaft.

31 Ruf in die sublunare Welt
Kombination des Zeichens »sublunare Welt« (Nr. 49)
und des Zeichens »Ruf« (Nr. 28).

32 Erschauen (?)
Vgl. Nr. 38, Zeichen 2

33 ?

34 Einer der acht mythischen Vögel, die bei der
Erneuerung der Natur mitwirken. Vielleicht der *Quet-
zal.*

3. DER KÖRPER

35 I. Das Auge, die Augen   II. Sehen
Das Auge im Profil gesehen. Augapfel und
Pupille der beiden Augen sind gewöhnlich
miteinander verbunden. Ein alleinstehen-
des Auge wird durch die Augenhöhle ergänzt.

Die chinesische Version (rechts) deutet manchmal unter dem Auge einen menschlichen Körper an. Das Auge ist von vorn gesehen.

36 Erwachen
Zwei offene Augen mit Wimpern.

37 Magie, magische Kraft
Das Auge mit der Pupille, jedoch auf einer Linie, die »oben« und »unten« in Verbindung setzt. Vermutlich das Auge des Zauberers.

Auch im Chinesischen (siehe Nr. 35, rechts) ist »das Auge« manchmal das Auge des Schamanen, die Magie, das »böse Auge« oder auch der Gegenzauber. Das verdoppelte Zeichen wurde später ergänzt durch einen weiblichen Körper: »die Schamanin«.

38 Sehen, betrachten
Das Auge des Tieres (Hundes?) ist durch eine Verzierung betont. Nicht zu verwechseln mit dem Zeichen Nr. 87.
Bei Landa *p*; vielleicht *pacat*, »sehen«.

39 I. Mund *(chi')* **II. Hauch, Geist (?)**
Wahrscheinlich Darstellung des Mundes. Erscheint oft in Kombination mit einem anderen Zeichen.

171

40 Das heilige Wort
Die gepunktete Linie um Zeichen Nr. 39 deutet die
Heiligkeit an.

41 Herabkunft des lebenden Kornes

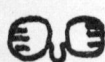

42 Magische Kraft
Zwei Flügel werden durch einen Haken
verbunden.
Das chinesische Zeichen »Feder« (rechts),
ebenfalls immer als Doppelzeichen auftre-
tend, hat eine magische Bedeutung: Der
Zauberer wehrt mit der Feder Unheil ab.

43 Lebenskraft
Greifende Hand. In C. Dr. und C. M.
Verwendung für »Lebenskraft«.
Im Chinesischen (rechts) hat die Hand die
verschiedensten Bedeutungen, je nach ihrer Bewegung: »haben«, »dasein«, »nehmen«, »rechts«, »noch«, »von neuem«.

44 ?

45 ?

46 ?

47 Werk, wirken, tun

48 Das Bewußtsein (?)
Unter der Schädeldecke im Gesicht eines Lebenden
liegen zwei Reihen von regelmäßigen Strichen, ähnlich
geschichteten Steinen. Vielleicht wird auf die Ordnung
der Gedanken hingewiesen.

4. DAS PHYSISCHE UNIVERSUM

**49 I. Die Zeit, das Jahr (*tun*) II. Stein
(*tun*) III. Sublunare Welt**
Im Chinesischen (rechts) steht der heilige
»Stein« auf dem Berggipfel an der Grenze
zwischen der oberen und der unteren Welt.

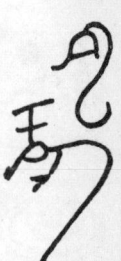

50 I. Erde   II. Der vierzehnte Tag
(*Caban*)
Chinesisch (rechts): »Drache«. Figur 2
trägt eine Art Krone und verweist damit
auf den heiligen und königlichen Charakter des Drachen.

51 I. Sonne (*kin*)   II. Tag (*kin*)
III. Licht, Helle IV. Lebenslicht, Feuer,
Flamme
Das Chinesische (rechts) verdreifacht das
Zeichen »Sonne«, »Licht«, »Helle«.
(Fortsetzung siehe folgende Seite)

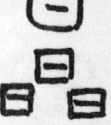

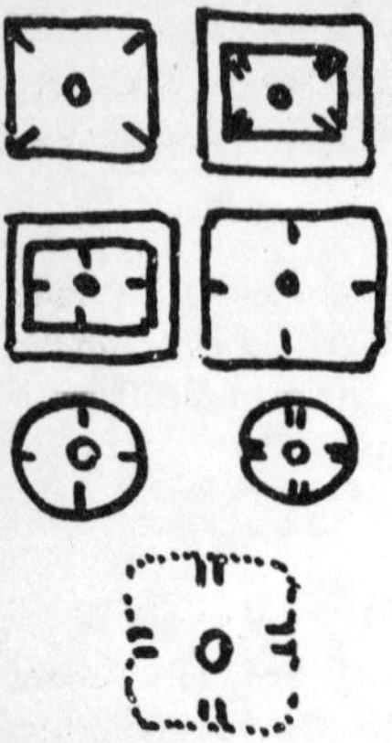

Das Zeichen »Sonne« in einer gepunkteten Kartusche: vielleicht »Geisteslicht« (links unten).

52 Die vier Himmelsrichtungen (?)

Nicht zu verwechseln mit Nr. 94.

53 Figur 1: von Thompson mit »Cenote« übersetzt (der heilige Teich von Chichen-Itza für Menschenopfer). Bleibt zweifelhaft wegen des Punktes in der Mitte.

Figur 2 und 3: Mond

Das chinesische Zeichen (rechts) hat in einem Halbmond ebenso oft den Punkt in der Mitte.

1

2

3

4

54   Vielleicht die vier *Bacab* in C. M. S. 88c. Die erste Zeichengruppe jeder Textsäule stellt jeweils eine Haupthimmelsrichtung dar: 1. Osten (*likin*), 2. Norden (*xaman*), 3. Westen (*chikin*), 4. Süden (*nohol*).

55   **Kein Mangel an Leben** (d. h. **Wiedergeburt**)
Die drei unteren Figuren stellen die bekannte Sonnen- und Mondfinsternis dar. Das obere Zeichen hat denselben Umriß, ist aber ganz weiß und bringt die Sonnenbestrahlung zum Ausdruck. Im inneren Kreis: »Lebenslicht«, »Leben«.

1   2

56   **Mangel an Leben** (1), **Mangel an Menschenopfern** (2)
Die Schraffur ersetzt die rote Färbung des Originals.

58   **Kein Mangel an Neugeburt mehr**
Auf dem weißen Feld (s. Nr. 55) eine in zwei Hälften aufgeteilte Kartusche: links ein Kind, rechts wahrscheinlich Korn.

59   **Schutz, schützen**
Vielleicht die verdunkelte Hälfte des Zeichens Nr. 55.

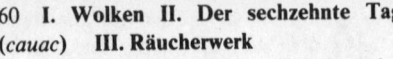

60 I. Wolken II. Der sechzehnte Tag
(*cauac*) **III. Räucherwerk**

Im Chinesischen (rechts) ein Behälter, der vom Himmel herabhängt und Regenwasser enthält. Die Spirale zur Erde hinab stellt den Regen oder den Regen verheißenden Blitz dar.

Maya (links): Gewöhnlich sind mehrere Behälter in zwei oder drei Schichten unter der Horizontlinie des Himmels aufgereiht, die dann vertikal zur Erde hinabläuft; diese wird durch ein Zickzackkreuz angedeutet wie im Zeichen »Erde« (Nr. 50 links unten). Analog stand meiner Meinung nach das Zeichen dann auch für die Wolke des Kopal-Weihrauchs bei der Vollziehung des Rituals.

Unten links ein Weihrauchkohlenbecken (C. P. 17).

61 Wasser (*ha'*)
Zeichen und Bedeutung bei Landa.

62 ?

63 Regen (?)
Zeichen für den 6. Tag: *Muluc*.
Rechts das chinesische Zeichen für Regen.

64 I. Wind II. Tag 19 (*Ik*) III. Geist, Atem, Leben

Das chinesische Zeichen »Wind« (rechts) setzt sich zusammen aus dem Botenvogel

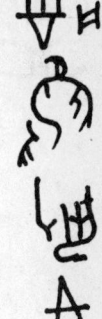

der Götter (s. auch Nr. 105) und einem dem Maya-Zeichen sehr ähnlichen Zeichen, das vielleicht einen Hirschkopf mit Geweih darstellt. Der Wind wird durch die Schnelligkeit des Hirsches symbolisiert.

65 I. Bebauen, Ackerbau II. Fruchtbarkeit des Bodens
Darstellung des Pflanzholzes, mit dem die Erde vor dem Säen des Maises umgegraben wird (links unten).

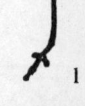

Im Chinesischen wird »pflanzen«, »die Erde bebauen« durch den Pflug oder das Feld mit dem Pflug (Figur 2) dargestellt.

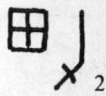

66 Herabkunft des Ackerbaus (vgl. Nr. 65)
Das Pflanzholz liegt waagrecht. Die Fruchtbarkeit der Felder kommt als Gabe der Götter vom Himmel herab.

67 Geist der Kornfülle (?)
Das Pflanzholz (vgl. Nr. 65) hat eine Reihe kleiner Kreise über der Krümmung: anscheinend Maiskörner, die den Ernteüberfluß anzeigen.

177

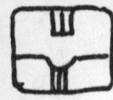

68 I. Zeichen des Tages *Kan* II. Ernte, Mais (*kan*) III. Gedeihen

Chinesisch (rechts) »Reis« (?), das Hauptnahrungsmittel der Chinesen. Vielleicht handelt es sich um die Erdlinie, die das Zeichen in zwei Teile teilt: unten die Wurzeln, oben die Saat.

Das Maya-Zeichen kann verdoppelt oder dreifach auftreten – etwa ein großes Zeichen auf zwei kleinen – und über einem Opfergefäß stehen. Es steht immer vor Göttern oder im Tempel. Der Bildkomplex scheint also das Symbol für den Schatz der Fruchtbarkeit oder der Nahrung zu sein.

69 Feld

Felder teilen den Raum auf.

Ebenso chinesisch (rechts): »bebaute Felder«.

70 Ersehnter Überfluß
Vergleiche mit Nr. 71; hier fehlt die himmlische Mutterbrust.

1

2

3

71 Überfluß, viel, reichlich
Vorschlag der Deutung (»mehr Wasser, Regen«) von Zimmermann. Wahrscheinlich die himmlische Mutterbrust (schwarze, mit Punkten umrandete Halbkreisfläche), von der der Gedeihen bringende Regen herabfällt (deutlich in Figur 2).

In umgekehrter Form bedeutet das Zeichen wahrscheinlich »Herabsteigen des Überflusses«.

72 I. Wels II. Groß
Bei Landa *l*, wahrscheinlich von *lu'*, »Wels«. Der Wels ist der größte Flußfisch in Mexiko und sehr häufig. Von daher »großer Gegenstand«.

(Ähnlich wird im Chinesischen »groß« mittels einer menschlichen Figur geschrieben, von: »der Mensch ist groß«.)

Nicht zu verwechseln mit Nr. 106: »Fötus«; das Zeichen hat den gleichen Körper, nicht aber den abstrakt gezeichneten Kopf.

5. INSTRUMENTE

73 I. Musik II. Freude
Musikinstrument (Schelle?) mit 2 oder 3 Glöckchen.

Der Griff ist meist durch eine gepunktete Linie verdoppelt, manchmal auch nur durch eine solche angedeutet.

Chinesisch (rechts): 1. »Musik«, 2. »Freude«.

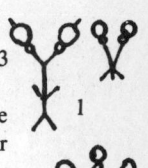

1

2

179

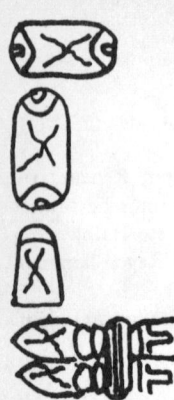

74 I. Waffe (deutlich in C. P. 5, entspricht vielleicht dem chinesischen Zeichen »Lanze«.) **II. Opfermesser aus Stein III. Opfer**

Rechts chinesisch »Lanze« nebst ihrem rituellen Gebrauch, angedeutet durch die Schnüre, die die Kopfbedeckung des Priesters oder der mit der Durchführung des Rituals betrauten hohen Persönlichkeit schmückten.

75 I. Skarabäus [Schmuck] (*mac-ech*) **II. Juwel, Schatz**

Das Schmuckgehänge in Form eines Skarabäus »ohne Flügel« war bei den alten Maya sehr beliebt; sie trugen es am Handgelenk oder um den Hals. (Skarabäus: »leben, ohne zu essen«[?]) Symbol für Glanz und Kostbarkeit.

Nicht zu verwechseln mit Nr. 71.

76 I. Axt II. Schützende Kraft III. Kräftig, voll Lebenskraft

Das chinesische Zeichen (rechts) ursprünglich für »Schutz des heiligen Tempels«, wozu die Waffe vor allem dienen sollte.

77 Fischfang

Figur 3 zeigt am deutlichsten die Hand, die einen Fisch ergreift. Sie kommt in C. P. nicht vor, erleichtert aber das Verständnis von Figur 1 und 2.

(Fortsetzung Nr. 77)

2

3

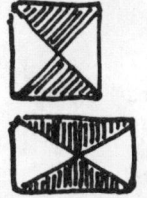

78 I. Fischfang   II. Einfangen
Der Fisch ist in der Falle gefangen oder mit der Hacke
getötet worden.

79 ?

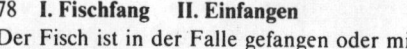

6. BEWEGUNG

80 I. In   II. Eintreten
Das chinesische Zeichen (rechts) für »in,
das Innere« wird als Darstellung einer
Zeltöffnung oder eines Hauseinganges angesehen.

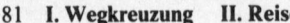

81 I. Wegkreuzung   II. Reise

Die Wegkreuzung symbolisiert die durchreiste Strecke.

Chinesisch (rechts): »hin- und zurückgehen«.

82 Gehen, weggehen, hinausgehen (*ben*)

Im Kalender für den Tag *Ben*. Im unteren Teil der Kartusche wahrscheinlich das Haus, das man verläßt; im oberen Schritte oder Schuhe.

Chinesisch (rechts): »hinausgehen, fortgehen«: der Fuß und das Gefäß für das Abschiedsritual (es war Brauch, vor dem Aufbruch zur Reise eine rituelle Fußwaschung vorzunehmen).

83 Weg, wandern (?)

Figur 1 scheint Fußstapfen darzustellen. Figur 2 und 3 sind Fußspuren, die vorhergehenden Schritte sind durch eine gekrümmte Punktlinie dargestellt. Bei Landa *b*, also wahrscheinlich *be*: »Weg, wandern«.

In C. Dr. in »Herabkunft des Herrn«.

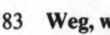

84 Vor

Chinesisch »vor« (rechts) setzt sich zusammen aus der Wegkreuzung für »Reise« (Nr. 81 rechts), »Fuß« im oberen Teil (s. Nr. 82) und der Wasserschale in der Mitte. Es war Brauch, sich bei der Rückkehr von einer Reise die Füße zu waschen, bevor man das Haus betrat.

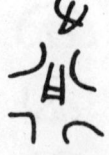

Das Maya-Zeichen könnte ebenso verstanden werden. Die beiden senkrechten Linien könnten den Umriß des Hauses darstellen.

(Das Zeichen in C. P. 4 ist leider beschädigt.)

85 Weg, Straße
Die beiden dicken waagrechten Striche markieren vielleicht die Wegränder. – »Verbindung zwischen der irdischen und der himmlischen Welt.«

86 Richtung, (aus)richten, wo, wohin, woher
Bei Landa *t*, vielleicht für *tab*, »wo, wohin, woher«.
Es werden Richtungen angegeben, jedoch sicher nicht die 4 Haupthimmelsrichtungen des Zeichens Nr. 52, mit dem dieses Zeichen nicht verwechselt werden darf. Gewöhnlich wird durch zwei dickere Striche auf den Gegenstand hingewiesen, auf den die Richtung zu- oder von dem sie wegläuft.

87 I. Pilotenfisch   II. Leiten, führen
Der in Mexiko sehr bekannte Pilotenfisch dient dem Hai als Leitfisch. Darauf weist vielleicht das unproportionierte Auge hin.

88 Anfang und Ende
Kombination der Zeichen *ben*, »gehen, weggehen« (Nr. 82) und *kal*, »Vollendung«, »Ende der Reihe von 20 Tagen« (Nr. 201).

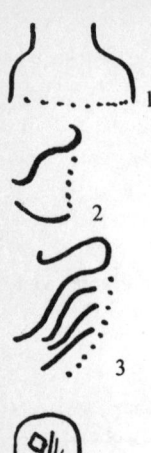

89 I. Ausgießen, sich verbreiten   II. Stattfinden

Besonders deutlich in Figur 3 (C. P. 24): Die Wellenlinien sind rot gezeichnet und sollen vielleicht Flüssigkeit darstellen.

90 Fließen, Fluß (?)

In C. P. 16 erscheint das Zeichen unbeschädigt. Es scheint fallendes oder fließendes Wasser darzustellen.

91 Verbinden, Band

Die zusammengehörigen Personen oder Gegenstände sind durch eine Art Kragen mit einem Knoten in der Mitte verbunden.

92 Den Faden drehen

Der Faden scheint sich waagrecht zwischen zwei Spulen zu spannen, die Baumwollsträhne hängt von oben herab.

(»Den Faden des Schicksals drehen« siehe Abb. C. M. 102).

93 Band zwischen Himmel und Erde
Das Band wird durch verschlungene Fäden, Seile oder Lianen symbolisiert.

94 Schutz
Magische Figur; C. Dr. Abb. 63a.

7. WIEDERGEBURT

95 Wiedergeburt
Bei Landa *c*, vielleicht für *caput-zih,* »Wiedergeburt«. Sehr wahrscheinlich oben weibliche Brüste, unten das männliche Glied.

96 Herabkunft der Wiedergeburt
So bei Landa.

97 Der Todesgott (Nr. 195) mit dem zusammengesetzten Zeichen »Wiedergeburt« (Nr. 95) und »Ruf« (Nr. 20), das er anblickt. Beide auf dem Zeichen »Band, binden«. Bedeutung: »Der Todesgott und der Ruf nach Wiedergeburt sind verbunden.«

98 Wiedererzeugung (*caput-cux*)
Analyse siehe Kapitel 3.

185

99 Grab

Es handelt sich nicht um einen Schild, wie vorgeschlagen wurde. (Vgl. die Stirngirlande des Totengottes, Nr. 120). In der Mitte die drei Punkte für »Zeugung« (Nr. 8).

Rechts verschiedene chinesische »Grabsteine« oder »Grabformen«; darin die Charakterisierung des Toten.

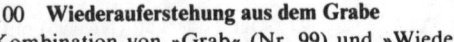

100 Wiederauferstehung aus dem Grabe

Kombination von »Grab« (Nr. 99) und »Wiedererzeugung« (Nr. 98).

101 Austausch

Pfeile in verschiedener Richtung. Die Gaben des Himmels werden meist als Pfeile dargestellt.

102 Reinkarnation

Zu Recht wurden in dem Zeichen die Rippen eines Skeletts vermutet. Die Wirbelsäule endet jedoch unten bei einem Kreis mit Punkt wie bei »Seele« oder »Busen«.

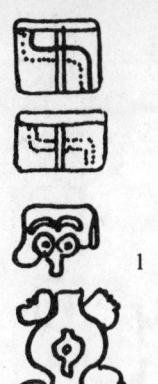

103 Rückkehr zum Leben
Zur Rückkehr des toten Wesens zum Leben.

104 Figur 1: **Lamat,** der Führer der Toten
Er liegt oft auf der linken Seite des Bildes und blickt nach rechts zum Toten hin; diese Bildaufteilung ist ungewöhnlich. Es wird damit zum Ausdruck gebracht, daß der *Lamat* den Toten während seiner himmlischen Reise begleitet.

Das Zeichen scheint mit dem als »Venus« erkannten Zeichen (Figur 2) zusammenzugehören.

105 Der mythische Vogel Moan
Gekennzeichnet durch das Sonnenrad (Nr. 134).

Das chinesische Zeichen (rechts) »Wind« kombiniert den »Botenvogel der Götter« mit einem Zeichen, das wahrscheinlich den Kopf eines Hirsches darstellt (vgl. Nr. 64).

106 Seelenfötus, Larve
Kopf des mythischen Vogels *Moan* (Nr. 105) und Fischkörper.

Nicht zu verwechseln mit Nr. 72, »Wels«, dessen Körper er hat, nicht aber den Kopf im Profil.

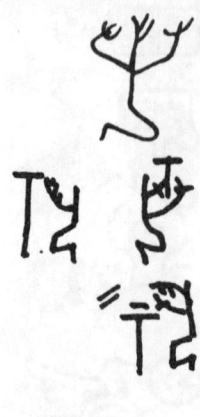

107 Beten, Gebet
Gebetshaltung in Figur 2 und 3.
Rechts chinesisch »Gebet«.

108 Gebet
Die Bedeutung wird aus der Verwendung des Zeichens
klar, wenn es am Ende der doppelten gepunkteten Linie
steht, die aus dem Mund des *Chilan* zum Himmel steigt.
In C. Dr. 5 scheint das Zeichen einen auffliegenden
Vogel mit einem gen Himmel blickenden Auge darzustellen.

109 Verehrung, verehren
Offene Hand mit dem Daumen nach oben. Die Gegen-
stände der Verehrung liegen zwischen Handfläche und
Daumen.

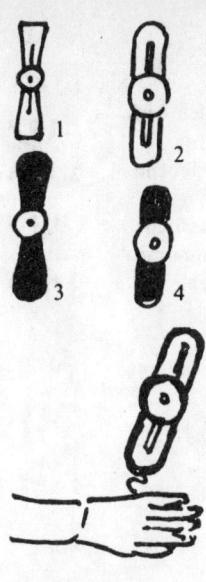

110 Figur 1, 2: **Himmlische** oder **magische Macht**
Entzifferung nach der Illustration (5).
Figur 3, 4: Schatten der himmlischen Macht
Figur 5: Das Zeichen steht auf dem Handgelenk einer
Gottheit, die die Kraft in materielle Form umwandelt.
Vielleicht von der Form des Schildes inspiriert.

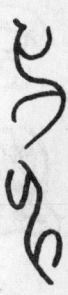

111 **Gott**
Bei der Zeichnung innerhalb der Kartusche handelt es sich wahrscheinlich nicht
um ein Kreuz, sondern um den Blitz.
Das chinesische Zeichen »göttliche Macht«
(rechts, später mit »Gott« kombiniert)
stellte ursprünglich das Wetterleuchten
dar.

112 **Der in Gott eingegangene Tote; Seele des Menschenopfers.**

113 **Der Himmel**
Bekanntes Zeichen.

114 Figur 1–3: **Ahau, der Herr**
Figur 4: **Der glorreiche Herr**
Vielleicht mit Flammenaureole.
Figur 5: »Der glorreiche Herr hört den Ruf des Tempels«. Gutes Beispiel für die teilweise noch piktografisch gebliebene Schrift.
Rechts: Figur 1 und 2 das chinesische Zeichen für »Baum«. Figur 3: »Baum« mit dem Punkt für »Ursprung«: »Wurzel, Ursprung«.

1

2

3

115 **Jaguar-Gott.**
als »Gott B« bezeichnet

116 **Der schaffende Gott**
Irrtümlicherweise verwechselt mit Nr. 115. Dort fehlen die Haken, und die Form der Nase ist anders.

117 **Hellsehender Gott**
als »Gott 10« bezeichnet

118 **Das Erwachen**
In C. P. selten (Blatt 16, 17), in C. Dr. sehr häufig. Der Kontext in C. Dr. läßt auf die Bedeutung schließen: ein Totenkopf mit einem übergroßen Auge in der Augenhöhle.

119 I. »Akbal«, 20. Tag   II. Nacht, Finsternis
III. Gewitter, Blitz, Donner, in Verbindung mit Regen
Stellt wohl, wie auch angenommen wurde, das nächtliche Wetterleuchten dar.
Wahrscheinlich auch einfach »Nacht« im Gegensatz zu »Tag«, dargestellt durch das Zeichen »Sonne« (Nr. 51) auf der Armlehne des Sitzes, in dem der Bittende (also der von der Erde kommt, die der Zeit und damit dem Wechsel von Tag und Nacht unterworfen ist) der Gottheit gegenübersitzt.

120   **Todesgott**

121   **Tempel**
Das Gebäude des Tempels. Offensichtlich ein hoher Turm (flüchtig gezeichnet, oft nur noch aus zwei dicken trapezförmigen Strichen bestehend), der oben aus dem Gebäude herausragt.
Chinesisch (rechts): »Haus, in dem Gott verehrt wird«. Ebenfalls ein hoher Turm über einem niedrigen, breiten Gebäude.

122   **Tempel der Drei Kostbaren Dinge**

123 Die Göttin

124 Die Spindelgöttin

125 I. Himmlischer Schutz   II. Schutz des Tempels

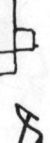

Ein Vogel sitzt auf dem Tempel und bedeckt ihn mit seinen Füßen oder seinen Flügeln.

Dieselbe Darstellung im Altchinesischen (rechts): »Schutz des Palastes« oder »des Palastes der Götter«, also des Tempels.

126 I. Sünde, Verantwortlichkeit (*cuch*) II. Regiment, Herrschaft (*cuch*)

Bedeutung I. bei Landa. Vielleicht der Tempel (Nr. 121), von dem ein Teil abgeschnitten ist: Das Heilige ist zerstört; der Sünder ist vor allem ein »entheiligter« Mensch. (Ganz ähnlich im Chinesischen »Verbrechen, Verbrecher«: eine Zeichenkombination mit dem Wort »Tempel«.)

II. ergibt sich aus C. M. und C. Dr.

127 Tempel-Pyramide

Die Darstellung ist deutlich, es ist jedoch unbekannt, auf welches Ritual das Zeichen anspielt. Nach der Treppe zu schließen, handelt es sich vielleicht um ein Opfer (Menschenopfer?) im Tempel oben auf der Pyramide.

128 Ekstase, in Ekstase geraten

Ein im Schamanentum gebräuchliches Bild: Der Schamane steigt auf einer geistigen Leiter zu den Göttern empor. Die Leiter ragt vom unteren Feld der Kartusche in das obere, das die himmlischen Regionen darstellt.

Rechts das chin. Zeichen für die Leiter, auf der die Götter herabsteigen.

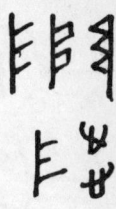

129 Stimmen hörende Gottheit (?)

Das Ohr ist unverhältnismäßig groß und durch eine gepunktete Linie abgetrennt, die auf Heiligkeit und Geistigkeit hinweist. Das chinesische Zeichen (rechts) »Mensch, der die Stimmen des Himmels hört« zeigt das übergroße Ohr (vgl. Nr. 21), darunter Körperumrisse, in Figur 2 und 3 in Gebetshaltung.

130 I. Flamme II. Entflammen, Lebensfeuer bringen

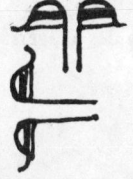

131 I. Fackel II. Lebensfeuer bringende Fackel
Kombination von Nr. 182 und Nr. 130.

193

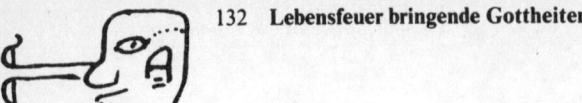

132 Lebensfeuer bringende Gottheiten

133 Geopfertes Tier, das Lebensfeuer bringend
1. und 2. Jaguar (?), 3. Drache (?), 4. Hund.

1

2

3

4

134 Sonnenrad, Zeichen der Erleuchtung des Trägers; es umringt das Auge.

135 Priester oder Gott mit Sonnenrad.

136 **Hellsehender geopferter Hund**

137 **Erleuchten**
Der Jaguar (?) mit dem verzierten Auge: »sehen« (Nr. 38), das jedoch mit dem Sonnenrad der Sehergabe umrundet ist.

138 **Leuchten**
Vgl. Nr. 38 »sehen«. Das Auge ist jedoch mit dem Feuerzeichen verziert.

139 Gottheit (oder Priester) beim Blutabzapfen.

140 **Seherpriester (?)**
Das Auge wird durch senkrechte und waagrechte Linien hervorgehoben, die zum Umriß des Kopfes laufen. In C. P. 4 erscheint der Priester zusammen mit dem »erwachten Toten«, den er ansieht.

141 **In die Finsternis spähen**
Riesige Augen in der Finsternis des Reiches der Toten.

142 **Sehender Gott**
Vielleicht identisch mit Nr. 117. Um die Stirn liegt ein Band, die beiden »Augen« darunter deuten das Hellsehen an.

143 Chilan

Figur 3 bei Landa lateinisch *x*; dieser Buchstabe existiert in der Maya-Sprache nicht. Es muß mit B. de Bourbourg angenommen werden, daß Landas Informanten *tsch* hörten.

144 Der Chilan erhebt sein Gebet zum Himmel

Die Stimme (oder der Gedanke) folgt dem gepunkteten Kanal vom offenen Mund zum Zeichen »Gebet« (Nr. 108).

145 Der *Chilan* und ein Toter in geistiger Kommunikation. Von einem Gehirn zum anderen verläuft ein gepunkteter Kanal. Der *Chilan* hört die Gedanken des Toten oder teilt ihm die seinen mit.

146 *Chilan* mit gefiedertem Hinterkopf: in C. M. deutlich die Seele des gestorbenen *Chilan*.

147 Der erleuchtete Chilan

Die für den *Chilan* charakteristischen Parallelstriche. Auf dem außergewöhnlich langen Hinterkopf das Sonnenrad, das den *Moan* (s. Nr. 105) und die erleuchteten Personen kennzeichnet.

148 Der *Chilan* denkt an die Toten auf der Suche nach Wiedergeburt. »Gedanke« steht immer mit dem Gehirn in Zusammenhang.

149 Nach C. M. wahrscheinlich der sich opfernde *Chilan* als Fürsprecher für die Menschheit. Das Gehirn ist im Original rot schraffiert, wie der Rost für die Menschenopfer. Eine schwarze, gepunktete Linie verdoppelt die Grenzlinie der Schädeldecke. Der Mund gleicht dem des *Chilan*.

150 **Herabkunft des Chilam-Balam,** d. h. des *Chilan*-Jaguar.

151 Gottheit oder Priester in geistiger Verbindung mit den Toten.

152 **Sehender Gott**

153 Wahrscheinlich der **Maisgott**

154 Zur Gottheit gewordenes Menschenopfer (siehe Zeichen Nr. 112).

155 Gottheit, vielleicht mit der Erde verbunden.

156 »Gott 5«?

157 Gottheit in Ekstase.

10. RITUALE

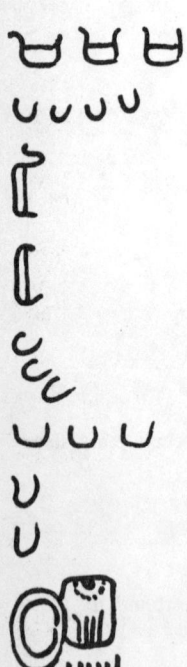

158 **Ritual für . . .**
Die Ritualgefäße tauchen fast immer zu
mehreren auf und begleiten in jedem Falle
den Ritualgegenstand. Gewöhnlich liegen
sie darunter, seltener gegenüber. So unten:
»Ritual für Überfluß an Wasser«.
Ebenso chinesisch (rechts); unten: »Ritual
für Regen«.

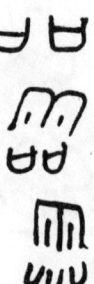

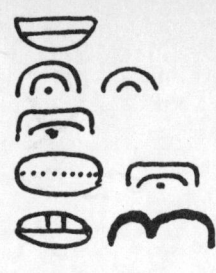

159 Segen

Das Ritualgefäß ist gewöhnlich umge-stülpt, der Inhalt der Erde zugekehrt, über die sich die Wohltaten des Himmels ver-breiten. In den meisten Fällen sind es zwei verschiedene Gefäße.

Rechts das chinesische Zeichen: dasselbe wie Nr. 158, nur ohne Gegenstand.

160 Segen erbitten

Kombination von zwei Opfergefäßen (vgl. Nr. 159) und »Ruf« (Nr. 20).

161 Herabkunft der himmlischen Segnungen

Die Ritualgefäße (»himmlische Segnungen«) liegen über der Linie zwischen Himmel und Erde.

162 I. Feuer   II. Opfer, opfern

Bei Landa die letzte Figur für die Silbe *ca*, vielleicht für *ka'k*, »Feuer«.

Chinesisch (rechts): »brennen«. Das Zei-chen unten setzt sich zusammen aus dem Dach des Hauses, dem Holz und dem Zeichen »brennen« und bedeutet »Herd-feuer«. Dieselbe Figur taucht bei Landa auf und in verschiedenen anderen Hand-schriften.

163 Opfer für das Lebenslicht

Zusammen in einer Kartusche (kombiniert mit der »Spindelgöttin«) Nr. 51 und Nr. 162.

164 Opfer für das Wiederblühen

165 Beschwörung

Wie das chinesische Zeichen (rechts) besteht das Maya-Zeichen aus Bogen und Geschoß: Das Übel wird aus dem Körper gejagt, wie der Bogen das Geschoß schleudert.

166 Beschwörung, Schutz

Kombination der Zeichen Nr. 165 und Nr. 94 und ein unbekanntes Motiv.

167 Schutz

168 I. Opferblut   II. Blut

Bei Landa für *o*, vielleicht *ol-om*, »Blut«. Das Zeichen steht gewöhnlich auf der Nase oder der Schnauze des Opfertieres. (In C. Dr. findet sich das geschlossene Gefäß mit einem roten Fleck in der Mitte.) Chinesisch (rechts): 1. Opferblut, 2. Blut. Dargestellt ist das Opfergefäß, in dem das Opferblut des Priesters oder des Opfertieres aufgefangen wurde.

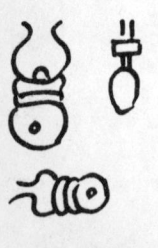

169 Das Blut der acht mythischen Vögel, die zur Wiedergeburt beitragen. Im einzelnen nicht mit Sicherheit zu identifizieren, ob Moan, Arara, Geier, Truthahn o. ä.

170 **Der geopferte Hund**

171 Jaguar bei der Blutentnahme?

172 **Geopferter Jaguar**

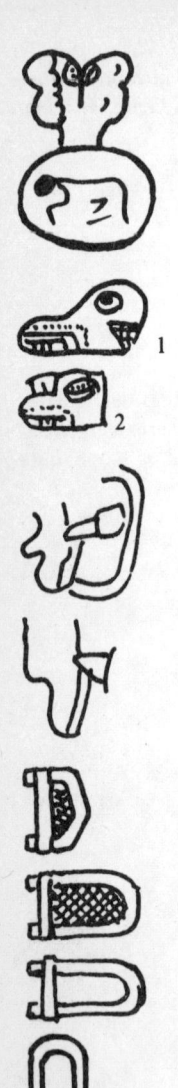

174   Drache

Figur 2: Drache, der sich Blut abzapft.

175   Menschenopfer durch Herausreißen des Herzens.
Piktographische Darstellung der »Platte« für die blutigen Opfer (Nr. 176) und des Kultmessers, das in die Brust eindringt.

176   Blutiges Opfer

In dem Zeichen liegt oft ein rot gemalter Querbalken (so C. P. 15). Auf Seite 203 oben (aus C. Dr. 2) die Opferpriester, mit dem Messer in der Hand über den »Rost« gebeugt, hinter ihnen der Todesgott mit Lanze und Schild in freudiger Stimmung. Darunter der Priester, der das Herz auf den »Rost« hebt.

Das chinesische Zeichen (rechts) zeigt zwei Fleischstücke auf Platten als Opfergabe.

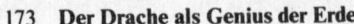

(Fortsetzung Nr. 176)

177 Menschenopfer

Kombination des »Rostes« (Nr. 176) und der »Platte«
mit dem Kopf des Geopferten. Der Querbalken (senkrecht gestrichelt) ist im Original rot, der Kopf (quer
gestrichelt) teilweise hellbraun. (Vgl. Nr. 176 den Rost
zwischen dem Opferpriester und seinem Gehilfen.)

178 Der für die Erneuerung der Zeugung geopferte Hirsch

179 Der geopferte Hirsch

180 Die Schildkröte als Kulttier

Bei Landa *a*, vielleicht für *ac*, »Schildkröte«.

181 Opferknospe, keimen (?)

182 Scheiterhaufen für Ritualfeuer

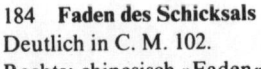

184 Faden des Schicksals
Deutlich in C. M. 102.
Rechts: chinesisch »Faden«.

11. METAMORPHOSE DER TOTEN

185 Irdisches und himmlisches Leben sind nur zeitweise getrennt. (Das Zeichen wurde »Tod« gelesen, was jedoch dem religiösen Inhalt nicht ganz entspricht.)
Chinesisch (rechts): »sterben, fliehen, verlassen, verschwinden«, Vorstellung der Trennung. Darstellung von Bogen und Geschoß.

186 Tote Wesen (Mensch, Tier oder Pflanze)
Kombination von Nr. 82 und Nr. 39.

187 Toter mit niedergeschlagenem Augenlid, zwei oder drei Zähne.
Figur 3 bei Landa *c*, vielleicht für *cim*, »Tod«.

188   Der kürzlich Verstorbene (?)
Zur Bestattung hergerichtet?

189   Teilweise verklärter Toter (?)

190   Aktiver Toter
Kombination der Zeichen Nr. 187 und Nr. 109. Thompson hatte für die Hand mit erhobenem Daumen bereits die Bedeutung »Aktivität« vorgeschlagen.
Hier »Aktivität« mit dem Ziel der Wiedergeburt.

191   Rufender Toter (?)
Der Schädelraum ist ausgefüllt
mit dem Zeichen »rufen« (Nr. 20).

192   Die Wiedergeburt ersehnender Toter

193   Herabkunft des hellsehenden Toten
Angezeigt durch die vasenhalsförmige Öffnung der Gesichtskartusche. Die Sehergabe ist durch den Doppelstrich unter dem Auge, ähnlich dem »Sonnenrad« und dem Doppelstrich um das Auge des *Chilan*, gekennzeichnet.

194   Herabkunft des verklärten Toten

205

195 Herabkunft des vergöttlichten Toten, Menschen-opfer
(siehe Nr. 112)

196 Erleuchteter Toter
Die gepunktete Linie über dem Schädel zeigt die Erleuchtung an. Das Auge mit der nach oben gewandten Pupille zum Zeichen der religiösen Verehrung ist vom Doppelkreuz durchzogen, wohl ein Hinweis auf Erleuchtung oder Heiligung.

197 Wahrscheinlich abstraktes Zeichen, das die Erleuchtung des Toten darstellt.

198 Läuterung des Toten
In der Kartusche ein Zeichen anstelle des Auges, wie es die »Toten im Vorhimmel« haben (vgl. Nr. 3).

199 Der geläuterte Tote

200 Aktiver geläuterter Toter
Kombination der Zeichen Nr. 190 und Nr. 199.

201 Vollendung
Zahl 20 oder »Ende, Vollendung«.

202 Die Zahl 3
Die Einheit Eins wird durch einen Punkt dargestellt.
(Die Zahl 5 durch einen Balken.) In C. P. vielleicht auch
Plural des folgenden Wortes.

203 I. Schnecke (*ul*) II. phonetisch: »sein, ihr« (*-ul*),
Possessiv als Suffix
Bei letzterer Bedeutung wird das Zeichen mit dem der
Gruppe verbunden, zu dem es grammatikalisch gehört.

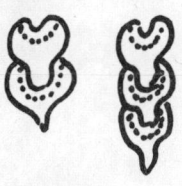

204 In Hinsicht auf, für, in Hoffnung auf
Das Zeichen stellt wahrscheinlich drei keimende Blätter
dar.

205 Sehr kostbar oder **mächtig**
Schwanz der Klapperschlange.

206 Rot (Farbe)
Ein Quer-, Längs- oder Schrägstreifen in einem Zeichen
ist ganz oder teilweise rot angemalt. (Bedeutung?)

14.
Text und Übersetzung des Totenbuches (Pariser Codex)

Blatt 1

Ist vollständig ausgelöscht.

Blatt 2

Der außerordentlich stark beschädigte Zustand dieses Blattes erlaubt nur eine mutmaßliche Übertragung des Textes.

Randtext:

 [Ihre toten Wesen kehren zurück]* (dank dem) Opfer des Jaguars (172).
(Der Text ist nach C. P. 5 ff. wiederhergestellt.)

 [Ihre toten Wesen kehren zurück] (dank dem) Blut des (mythischen) Vogels (169).

 [Ihre toten Wesen kehren zurück] (dank dem) feuerbringenden Gott (132).

 [Die geläuterten Toten] im Vorhimmel (3) gewähren (21)

 . . . Wolken (60) / sublunare Welt (49).

 ... Wiedergeburt (95). // Der menschliche Samen (8) / lenkt (86) / das Rufen (31) nach Wolken (60) / in der sublunaren Welt (31).

 ... das zu Gott gewordene Menschenopfer (112) ...

 ?

Erster Teil

Zeile 1: Der geopferte Jaguar (172) ... // in (80) der sublunaren Welt (49). // (Die geläuterten Toten?) (199) / im Vorhimmel (3) gewähren (21) / das Ritual (158) der Fackel (131) // ... Wolken (60) ...

Zeile 2: ... hört (22) / ihre (203) / beschworenen (29) Toten (187). // In Hinsicht auf (204) / Wiedergeburt (95) im Vorhimmel (3) // sieht (38) die Seele (25) / den Weg (85). // Neunzehn / Räucheropfer (60) // gewähren (21) / den Weg (85) / zum Vorhimmel (3) ...

Bild in der Mitte: *Ein sitzender Gott streckt den rechten Arm aus und belehrt eine Bild in der Mitte: Ein sitzender Gott streckt den rechten Arm aus und belehrt eine (ausgelöschte) Figur, über der ein Vogel schwebt, vielleicht der Moan.*

Zweiter Teil

Zeile 3:

Die (magische) Kraft (76) / des geopferten Hundes (136), der den Donner erbittet (119) // lenkt (86) / die Erde (50). // Die (202) Mutterschaften (9) . . .

Zeile 4:

. . . // Der Schatz (75) / der Wiedergeburt (95) // der (mythische) *Moan-Quetzal*-Vogel (34) . . .

Blatt 3

Erstes Bild oben:

Ein Krokodilgott (?) sitzt vor einem Priester, der ihn um Rat fragt. Hinter diesem Reste einer anderen Szene; ein stehender Affe. Die beiden Figuren sitzen auf sehr groß gezeichneten Zeichen für »sublunare Welt« (Nr. 49).

Randtext:

[Ihre toten Wesen kehren zurück]: der Totengott (120) / und der Ruf nach Wiedergeburt (97) sind verbunden (91).

[Ihre toten Wesen kehren zurück]: »die Seele« sieht (38).

Ihre [toten Wesen kehren zurück]: . . . die sublunare Welt (49) . . .

211

Ihre [toten Wesen kehren zurück]: der *Moan* (105) [führt?] (87).

... sublunare Welt (49) ...

Unleserlich

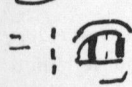

Erster Teil

Zeile 1:   *Die Schraffur des Zeichens in der Mitte der letzten Zeichengruppe steht für die rote Färbung des Originals.* Vor (84) / dem Grab (99) // betet (107) / die Göttin

212

(123) // für (204) / Wiedergeburten (95) im Vorhimmel
(3). // Zwölfmal siebzehn Räucheropfer (60) // (und)
das Opfer (162) für die aktiven Toten (190) in (80) der
sublunaren Welt (49) // drehen den Schicksalsfaden
(92) / indem sie ihre (203) beschworenen (29) Toten
(187) in der roten (?) (206) sublunaren Welt rufen
(20) . . .

Zeile 2:

Schraffur anstelle der roten Färbung des Originals.
Den Segen (159) / überreichen (71) Gedeihens (68) //
beschwört (29) das kostbare (205) / Wachstum (17). //
Das Blut des mythischen Vogels (169), / der Schutz
(125) des Tempels (121) und der Schatten der himmlischen Macht (110) / im (80) Donner (119) // erbitten
(27) / ihre Befruchtung (11) (d. h. der Wesen). // Die
(?) (202) Wiedergeburten (95) / im Vorhimmel (3) //
. . .

Bild in der Mitte:

Eine Gottheit über dem Vogel Moan, *der ein lebendes
Korn im Bild in der Mitte: Eine Gottheit über dem Vogel
Moan, der ein lebendes Korn im Schnabel trägt, sitzt vor
einem Bittenden in einem Sessel, dessen Armlehne mit
den Zeichen »Nacht-Tag . . .« verziert ist. Die Gottheit
bietet ihm die Instrumente der Erleuchtung und der
geistigen Macht an: das Gefäß mit dem Opferblut (168),
das »Sonnenrad« (134), den »Schutz« (59).*

Zweiter Teil

Zeile 3:

Ihre (203) Wiedererzeugung (98) // (ist das Werk) der
aktiven geläuterten Toten (200) / im Vorhimmel (3) //

213

für (204) / Wiedergeburt (95) / im Vorhimmel (3). //
Ihre (203) / (Toten) ... // Das Lebenslicht (51) / ihrer
(203) toten Wesen (d. h. ihrer Menschen und Pflanzen)
(186) ...

Zeile 4:   ... für (204) / die Wiedergeburt (95) / im Vorhimmel
(3) // die Empfängnis (9) ...

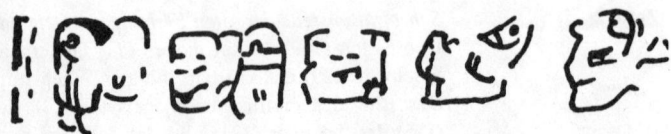

Zeile 5:   *Unleserlich. Auszumachen sind:* die aktiven Toten im
Vorhimmel, ... Busen (oder Nahrung) sind verbunden,
die Göttin.

Blatt 4

Abbildung am oberen Rand

Legende: (Er) hört (22) / das Opfer (162) des Blühens (164) // für
(204) die Wiedergeburt (95) / im Vorhimmel (3) ...
Überfluß (71) / des Gedeihens (68) ...

Randtext:

Ihre (203) toten Wesen (186) / kehren zurück (103) / (dank dem) *Chilan*, der sein Gebet zum Himmel trägt (144).

Ihre (203) / toten Wesen (186) / kehren zurück (103) / (dank dem) das Lebensfeuer bringenden Hund (133).

Ihre (203) / toten Wesen (186) / kehren zurück (103). // Ihre (203) / toten Wesen (186) / kehren zurück (103) ...

Spähen in die Finsternis (141): Lebensfeuer bringende Gottheit (132).

Beschwörung (165) der sublunaren Welt (49) / der mächtige (74) / geopferte Hund (136) (trägt?) die Seele (25).

... sublunare Welt (49) // Wiedererzeugung (98) / in / der sublunaren Welt (49).

... *Chilan* (143) // im Westen (54).

... Wolken (60) / ... die Toten / schützen (59).

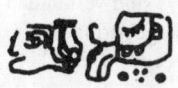
... frühere *Chilan*. // die beschworenen (29) / Toten / schützen (59).

 ... in Hinsicht auf (204) / Wiedergeburt (95) / im Vorhimmel (3) // kein Mangel mehr an Lebenslicht (55) ...

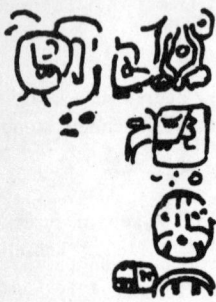 ?

Erster Teil

Zeile 1: Die beschworenen (29) / Toten (187) / schützen (59). // Der *Chilan* (143) erhebt zum Himmel (144) sein Gebet (108). // Der Seher-Priester (140) (und) der Totengott (120) (sind) verbunden (91). // Sechzehnmal sechs / Weihrauchopfer (60) / für die Wiedererzeugung (98) // verwirklicht (89) / die Befruchtung (14) ...

Zeile 2: Der Totengott (120) und der Tote (187) sind verbunden (91) // in Hinsicht auf (204) die Wiedergeburt (95) / im Vorhimmel (3). // Der Donner (119) (und) *Ahau* (114),

216

der Herr, der elfmal (?) der verstorbenen Wesen (186) gedenkt, // gewähren (21) / den Schatz (75): / Donner (119) und Überfluß (71) an Nahrung (13) // In Hinsicht auf (204) Wiedergeburten (95) / (im Vorhimmel) ...

Zweiter Teil

Zeile 3:
... ihre (203) / Freude (73) über das Gedeihen (65) hörend (22), // fünfmal / im (80) Tempel (121) ihrer (203) / verstorbenen Wesen (186) // ruft (20) der Drache, der den Donner erhofft (174) zum Himmel hinauf. // Er hört (22) // das Ritual (158) der Erde (50), // (das) die aktiven geläuterten Toten (200) lenkt (86).

Zeile 4:
Die verklärten Toten (196) / (jubeln?) (73). / Die Herabkunft des zu Gott gewordenen Menschenopfers (112), das den Ruf (nach Wiedergeburt) vernommen hat (20), getragen von Gott B (115), ist gewährt (21). / Sie gewähren (21) in (80) der sublunaren Welt (49) / ... Grab (99) ...

Zeile 5:   *Unleserlich*

217

Blatt 5

Text zum Bild oben:

... [Die toten Wesen] in (80) der sublunaren Welt (49) hören (22) den *Moan* (105).

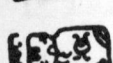

... in Hinsicht auf (204) die Erleuchtung des Toten (200).

Sie hören (22) / den lenkenden (86) / erleuchteten Toten (196).

Randtext:

Ihre (204) / [toten Wesen kehren zurück] (dank dem) das Lebensfeuer bringenden Drachen (133).

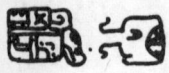

Ihre (204) / toten Wesen (186) / kehren zurück (103) // (dank dem) abgezapften Blut des Gottes (oder Priesters?) (139).

Ihre (204) / toten Wesen (186) / kehren zurück (103) // (dank dem) das Lebensfeuer bringenden Gott (132).

Unleserlich

218

Zeile 1: Anrufend (28?) / die sublunare Welt (49), // die Toten (189) / in (80) / der sublunaren Welt (49) // erbitten (27) / den magischen Zauber (37) / für ihre (203) toten Wesen (186). // Sie erbitten (27) // die Herabkunft des Herrn (114) im Vorhimmel (3). // Die magische Kraft (42) / (der Götter) (ist) Ekstase (128) im Vorhimmel (3). // Neun / Weihrauchopfer (60) . . .

Zeile 2: Die totgeborenen Kinder (16) / in (80) / der sublunaren Welt (49) // gewähren (21) das magische (37) Wort (23) / der Erde (50) [d. h. den Donner, der den Regen ankündigt] / (zur) Wiedererzeugung (98) / (aus dem) Grab (99) / in (80) / die sublunare Welt (49). // Das Ritual (158) / der Blutentnahme (168) / für die toten Kinder (5) //, die (202) Opfer (162) / zur Reinigung der Sünden (126) / (und) die Verehrung (109) / der Herabkunft des Herrn (114) // erbitten (27) / vom *Moan* (105?) / die Seele (25) / in den befruchteten Mutterschoß (7) . . .

Bild in der Mitte: *Eine Gottheit in Tiergestalt sitzt einem (fast ausgelösch-ten) Wesen mit dem Zeichen »Ekstase« (128) gegenüber. Sie bietet ihm das Zeichen »himmlische Macht« (110) an, mit einer Hand, die auf einem Bündel Lanzen- oder Pfeilspitzen (74) ruht.*

219

Zeile 3:
Fang (77) (der Seele) // in (80) / dem erleuchteten *Chilan* (147). // Kein Mangel an Lebenslicht mehr (55). // Die Seele (25) / sieht (38) // im (80) / früheren *Chilan* (146)...

Zeile 4:
Ihre (203) / Wiederzeugung (98). // Der Drache (174), der sich Blut abzapft (?) und die Magie der 5 Punkte schaut, / segnet (160) reiches (71) / Gedeihen (68). // Der verklärte Tote (189) / in (80) / der sublunaren Welt (49) / und die Toten (187) / (in) der sublunaren Welt (49)...

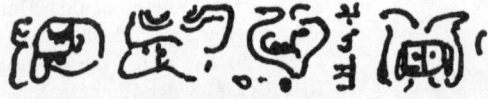

Zeile 5:
Ihre (203) / Toten (187) // (sind) die Mutterschaft (6). // Die beschworenen (29) erleuchteten Toten (196) / gewähren (21) // Gebären und Korn ohne Mangel (58)...

Blatt 6

Erstes Bild:
Gegenüber einer nicht mehr sichtbaren Szene links bietet ein Seher-Priester (?) ein Gefäß mit Opferblut dar. Auf seinem Kopf ist das Zeichen kan *(Korn, Gedeihen).*

Randtext:

 Ihre (203) / toten Wesen (186) / kehren zurück (103) // (dank dem) Schutz der Beschwörung (167).

 Ihre (203) / toten Wesen (186) / kehren zurück (103) // (dank dem) *Moan* (105) und der Schildkröte (180).

 Ihre (203) toten Wesen (186) / kehren zurück (103) // (dank dem) das Lebensfeuer bringenden Gott (132).

 ... Der Todesgott (120) und der Jaguar-Gott (B) (115) (sind vereint) / (im) Opfer (162) / zur Reise (81) / der Wiedergeburt (95).

 ... Fruchtbarkeit (15) / (gesichert durch das) Opfer (162) / der Blüte (164).

 *Unleserlich*

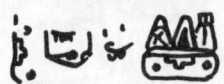 ... hört (22) ... die Toten (187) / ... / die Drei Kostbaren Dinge (122).

 ... der geopferte Hirsch (179) / schützt (59).

 ... Tempel der Drei Kostbaren Dinge (122) / Segen (159) / reichen (71) / Gedeihens (68).

221

 Ihre (203) / toten Wesen (186) / kehren zurück (103) // (dank der) Verehrung (109) / des Himmels (113) / durch die Blutentnahme (168).

 *Unleserlich*

Erster Teil

Zeile 1: Ihre (203) / beschworenen (29) / Toten (187) / schützen (59). // Ihre (203) verstorbenen Wesen (186) werden leuchten (137). // Das Menschen-Blutopfer (176) / erschaut (38?) / den (Regen bringenden) Donner (119). // Der Drache (als Genius der Erde) (173) / in Hinsicht auf (204) / die Ekstase (128) // ... die himmlische Macht (110) / der Toten (190) ...

Zeile 2: Der Drache (173) (und) // die das Lebensfeuer bringende Fackel (131) schützen (74) das Grab (99). // Sie (?) verbreiten (89) / zehnmal / die Wolken (60). Der *Moan* (105) ? ...

Bild in der Mitte: *Ein Gott mit dem »Sonnenrad« links spricht mit einer Person, von der nur noch die Hand zu sehen ist, die ein Kultinstrument hält, über der aber der Moan schwebt.*

222

Zeile 3:

Das Lebenslicht (51) / (ist) im (80) / *Chilan* (146). // Er sieht (35) // die Reinkarnation (102) / der toten Wesen (186). // ? / Die beschworenen (29) Toten (187) schützen (59). // Die beschworenen (29) / Toten (187) / schützen (59) . . .

Zeile 4:

(Die Glyphen Nr. 22 und Nr. 143, die in der Tzolkin-Sprache »Norden« bedeuten, müssen hier wahrscheinlich analytisch gelesen werden.)

Segen (159) / reichen (71) / Gedeihens (68): die Herabkunft des zu Gott gewordenen Menschenopfers (195) / ist gewährt (21). // Er hört (22) den *Chilan* (143) / Er hört (22) / das Ritual (158) / der Erde (50). // Er geht ein in (80) / *Ahau* (den Herrn) (114) . . .

Zeile 5:

Unleserlich

Blatt 7

Die erste Zeichnung links ist ausgelöscht. Rechts ein Sterbender (?); der Moan *(?)*
über ihm.

Randtext:

Unleserlich

... Verehrung des Himmels (113).

 ... Opfer (162) / (für) die Reise (81) / der Wiedergeburt (95).

 ... der *Chilan* spricht mit einem verklärten Toten (?) (145).

Erster Teil

Zeile 1: Der Segen (159) / überreichen (71) / Gedeihens (68) / (wird) gerufen (20 und 160) // (vom) Tempel der Drei Kostbaren Dinge (122). // Die himmlische Macht (110) / (ist) in (80) / der sublunaren Welt (49) ... Wolken (60) ...

Zeile 2: Die Magie (94) / des Tempels der Drei Kostbaren Dinge (122) // (ist) im (80) / Opfer des Hirsches (oder: im geopferten Hirsch) (178). // Ihre (203) / Toten (187) ...

Bild in der Mitte: *Eine Gottheit belehrt einen Priester (?), vor dem der Moan flattert.*

225

Zeile 3: Der hellsehende herabkommende Tote (193), (geführt vom) *Lamat* (104), // wird vom *Moan* (105) / viermal erschaut (38). // Der Schatz (75) / der himmlischen Macht (110) lenkt (86) die Wolken (60) // im (80) / erleuchteten *Chilan* (134) . . .

Zeile 4: Er hört (22) // das Ritual (158) / des Ackerbaus (50) // (und) neunmal / führt er (87) / die Seele (25). // Der Todesgott (120) // fängt (77) // die Lebenskraft (43) (ein) . . .

Zeile 5: . . . Schatten der himmlischen Macht für den Ackerbau (110/3,4 und 65). // Die Spindelgöttin (124) schaut das Opfer für das Lebenslicht (163). // Das . . . des Wachstums (17 und 68) wird gewährt (21), // Segen (159) überreichen (71) / Gedeihens (68) . . .

Blatt 8

Erstes Bild: *Gegenüber einer Gottheit, die einen Affen verspeist, der Tote in Bestattungsgewändern.*

Randtext:

 Ihre (203) / toten Wesen / kehren zurück (103) // (dank dem) Blut des mythischen Vogels (169).

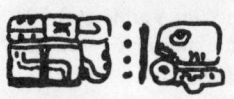 Ihre (203) / toten Wesen (186) / kehren zurück (103): Gott 9 (?) führt (87) / die Seele (25).

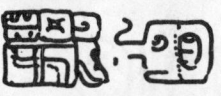 Ihre (203) toten Wesen (186) / kehren zurück (103) (dank dem) Lebensfeuer bringenden Gott (132).

 *Unleserlich*

 ...(oben auf?) der Pyramide (dem Pyramidentempel?) (127) / ...die Wolken (im Überfluß) (60) / (für) den Ackerbau (65).

 ...Worte (23) / des Himmels (113)... *(Unleserliche Zeilen)*

 ...Larven (106) / der toten Wesen // Segen (159) / überreichen (71) / Gedeihens (68).

 *Unleserlich*

Erster Teil

Zeile 1:

Der Tempel der Drei Kostbaren Dinge (122) / verschafft die magische Kraft (37) / der Erde (50). Des Opferblutes (168) (wegen) verbreiten sich (89) die Wolken (60). // Der Herr (114) / im Vorhimmel (3) / vernimmt (20) / die Stimme, die aufsteigt / aus dem Tempel (121) ... / Lebensfeuer (130) ...

Zeile 2:

Die (202) / sehenden Priester (oder Götter) in Trance übermitteln (151) dem Bewußtsein (?) (48) / der toten Wesen (186) // den Schutz des Tempels (125) // im (80) / früheren *Chilan* (146) ...

Zweiter Teil

Zeile 3:

Unleserlich

Zeile 4:

Er hört (22) / die Rituale (159) / des Ackerbaus (50). // Der sehende Gott 10 (117) // (verschafft) die himmlische Macht (110) / für die Wolken (60) ...

228

Zeile 5: ... Wachstum (19) ... / das zu Gott gewordene Menschenopfer (112) ... der Tempel (121) / lenkt (86) / den herabkommenden Herrn (114). // Der (schaffende) Gott (116) / gewährt (21) / den Fang (78) der Seele (25). // Sie hört (22) [die Rituale des] Ackerbaus (50) ...

Blatt 9

Randtext:

Ihre (203) / toten Wesen (186) kehren zurück (103): // ihre (203) / toten Wesen (186) // ... Tempel (121).

Ihre (203) / toten Wesen (186) / kehren zurück (103) // (dank) / dem sehenden Gott (117).

Ihre (203) / toten Wesen (186) kehren zurück (103) / / (dank dem) das Lebensfeuer bringenden Gott (132).

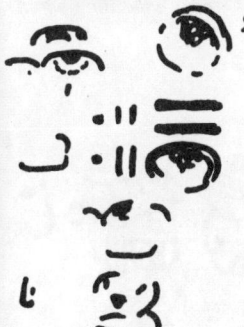

Unleserlich

Erster Teil

Zeile 1:
In Hinsicht auf (204) / die magische Kraft (42) / der Ekstase (128) // (ist) das zu Gott gewordene Menschenopfer (112) // im (80) / früheren *Chilan* (146). // Die verklärten Toten (189) / sind / in (80) / der sublunaren Welt (49). // Die beschworenen (29) / Toten (187) / schützen (59). // Der *Chilan* trägt sein Gebet zum Himmel (144) . . .

Zeile 2:
Im (80) / früheren *Chilan* (146) / (werden) die (202?) Opfer (162) / zur Reinigung der Sünden (126) / erhört (21). // Die beschworenen (29) Toten (189) / in (80) / der sublunaren Welt (49) / verbreiten (89) zwölfmal (?) / die Wolken (60). // Die (202) beschworenen (29) / Toten (187) schützen (59). / Der das Lebensfeuer bringende geopferte Jaguar (133) . . .

Bild in der Mitte: *Gespräch zwischen einem Gott mit »Sonnenrad« (viel-*
(stark beschädigt) *leicht der »schaffende Gott«) und einem unbestimmbaren*
Wesen.

Zweiter Teil

Zeile 3:
Der Schutz des Tempels (125). // Der Schatten der himmlischen Macht (110) / (ist) das Wort (23) / des

Himmels (113). // Der Tempel (121) (bringt) den Schatz (75) / der Fruchtbarkeit (67) / herab (66): // Segen (159) / überreichen (71) / Gedeihens (68) ...

Zeile 4: Im (80) / früheren *Chilan* (146) // (wird) die Hoffnung auf dreifachen Überfluß (71) / gewährt (21). // Die magische Macht (110) / (ist) das Wort (23) / des Himmels (113) ...

Zeile 5: Im (80) / früheren *Chilan* (werden) Wolken (60) (und) menschlicher Samen (8) gehört ...

Blatt 10

Das erste Bild ist ausgelöscht.

Randtext:

 Ihre (203) / toten Wesen (186) / kehren zurück (103) // (dank dem) Faden des Schicksals (184) ...

 Ihre (203) / toten Wesen (186) / kehren zurück (103): // die geläuterten Toten (199) lenken (86).

 Ihre (203) / toten Wesen (186) / kehren zurück (103) // ...

231

 Ihre (203) toten Wesen (186) / kehren zurück (103) // (dank dem) das Lebensfeuer bringenden Hund (133).

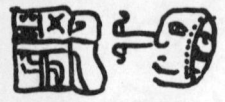 Ihre (203) toten Wesen (186) / kehren zurück (103) // (dank dem) das Lebensfeuer bringenden Gott (132).

 *Unleserlich*

 Gottheit in Ekstase (157).

 ... Larven (106) / der toten Wesen (186): Opferung des Hirsches (178).

 *Unleserlich*

Erster Teil

Zeile 1: *Schraffuren anstelle der Rotfärbung im Original.*
Die beschworenen (29) / Toten (187) / schützen (59). //
Der *Chilan* erhebt sein Gebet zum Himmel (144). //
Mangel an Lebenslicht / Mangel an Menschenopfer (?)
(56). // Er bittet (für) / Wiedergeburten (95) / ...

Zeile 2:
Die beschworenen (29) / Toten (187) / schützen (59). //
Ihre (203) / toten Wesen (186) / kehren zurück (103). //
fünf mal neunzehn / Weihrauchopfer (60) // leiten (87)
/ die Toten (187) / (auf) den Weg (85). // Der Schatten
der himmlischen Macht (110) / zur Ekstase (128) . . .

Bild in der Mitte:
*Zwei Gottheiten sitzen einem (ausgelöschten) Wesen
gegenüber, über dem der* Moan *schwebt.*

Zweiter Teil

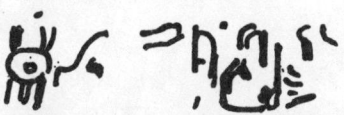

Zeile 3:
Fast vollständig unleserlich. Zur Mitte hin ist das Wort
himmlische Macht (110) *und zum Ende rechts hin das
Wort* Sünde (126) *auszumachen.*

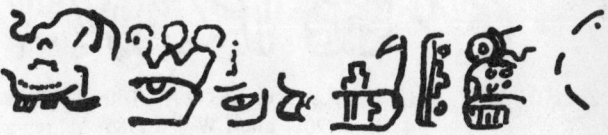

Zeile 4:
. . . der Feuer bringende geopferte Hund (136) / gewährt (21) / die Wiedergeburt (95) / im Vorhimmel (3).
// Er hört (22) . . .

233

Blatt 11

Randtext:

 ... Ihre toten Wesen kehren zurück: der herab-
kommende Donner (119) / (ist) die Stimme (23)
/ des Gottes (115).

 [Ihre toten Wesen kehren zurück] (dank dem)
Jaguar-Gott (B) (115).

 [Ihre toten Wesen kehren zurück] (dank der)
Blutentnahme bei dem Jaguar (171).

 *Unleserlich*

Erster Teil

Zeile 1:   Die beschworenen (29) / Toten (187) / schützen (59). //
Ihre (203) toten Wesen (186) kehren zurück (103). //
Die beschworenen (29) / Toten (187) / schützen (59). //
Der Tempel (121) / lenkt (86) die Zeugung (8). // Die
beschworenen (29) / Toten (187) / schützen (59). //
Ihre (203) / toten Wesen (186) / kehren zurück (103) ...

234

Zeile 2:

Schraffur anstelle der Rotfärbung im Original
Die beschworenen (29) / Toten (187) / schützen (59). /
Im (80) früheren *Chilan* (146) / erbitten (sie) (27) ... /
in (80) / die sublunare Welt (49). // (Durch?) neunzehn
mal neunzehn / Beweihräucherungen (60) / (wird) die
Seele (25) (wieder) Fleisch (8). // Der *Moan* (105) /
trägt / die magische Kraft (37) / der Knospe (181) //
... Wolken (60) ...

Bild in der Mitte:

*Gespräch zwischen einem Gott (vielleicht der »schaffende
Gott«) und einem mythischen Wesen.*

Zweiter Teil

Zeile 3:

Das Gebet ... des Jaguars (?), der den Donner in der
sublunaren Welt erhofft // und vier / Blutopferungen
des (mythischen) Vogels (169) / gewähren (21) im (80) /
Himmel (113) / die Lebenskraft (43) (?). / Er hört (22) /
das Opfer / des Blühens (17) ...

Zeile 4:

*Unleserlich. Auszumachen sind einer der acht mythischen
Vögel, die zur Wiedergeburt verhelfen, und die Wiedergeburt im Vorhimmel.*

Zeile 5:   *Fast vollständig ausgelöscht. Auszumachen sind die Wör-*
ter Ekstase (128) und geläuterter Toter (199).

Blatt 12 bis Blatt 14

Diese Blätter sind vollständig ausgelöscht.

Blatt 15

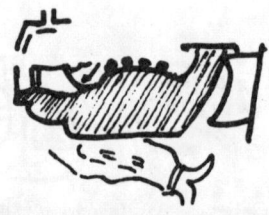

Zeichnung oben: Es könnte sich um ein spanisches Schiff mit großem Steuerruder
und Vorderkastell handeln. Ein sehr großer Fisch, vielleicht ein Hai, begleitet es.

Erster Teil

Aufgeteilt in drei Säulen (A, B, C).

Zeile 1:   *Fast vollständig ausgelöscht. In der Säule B noch das*
Zeichen »das Lebensfeuer bringende Gottheit« (132)
erkennbar.

236

Zeile 2: A. . . . (Herrschaft) (126) / der Felder (d. h. Wiedererblühen der Felder) (69) . . .

B. (Für) die Herrschaft (126) / der Felder (69) / Menschenopfer (177).

C. *Unleserlich*

Zeile 3: A. *Ausgelöscht*

B. Die aktiven geläuterten Toten (200) / im Vorhimmel (3) // verbreiten (89) / die Wolken (60) . . .

C. Schutz (94) des Tempels (121) / . . . die Toten (190).

Von den Bildern ist nur noch ein Teil des Bildes in der zweiten Säule vorhanden: Der Chilan *gegenüber dem Zeichen* kan *(Gedeihen).*

Zweiter Teil

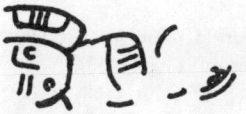

Zeile 4: *Fast völlig ausgelöscht. Zur Mitte hin sind die Zeichen »Wolken« (60) und »eingehen in Ahau« zu erkennen.*

Zeile 5: . . . die aktiven geläuterten Toten (200) / im Vorhimmel (3) // . . . Menschenopfer durch Herausnehmen des Herzens (175) . . .

Blatt 16

Bild oben: *Die Erdschlange (im C. Dr. Hauptthema) mit weit offenem Maul unter verschiedenen Opfergaben, darunter ein geopferter Hund.*

Erster Teil

Zeile 1:   A. Der Schutz ist im Wiedererwachen (der Natur). //
                      Der *Chilan* erhebt sein Gebet zum Himmel (144).

                  B. Der Schutz ist im Wiedererwachen (der Natur). Der
                      Chilan erhebt sein Gebet zum Himmel.

                  C. Der Schutz ist im Wiedererwachen (der Natur). Der
                      Chilan erhebt sein Gebet zum Himmel.

Zeile 2:   A. Opferblut (168) (ist) Reichtum (71). // (Menschen-
                      opfer im) *Cenote* (53).

                  B. Das Opferblut (168) / (ist) die Seele (25) / des
                      Tempels (121). Die Magie (94) des Tempels (121) . . .

Zeile 3:   A. Segnungen des Himmels (161). / Herabkunft des
                      Gedeihens (68) / ? // Fließen (?) (90) des Lebens-
                      lichts (51).

                  B. Überfluß (71) (ist) / der magische Schutz (94) / des

238

Tempels (121). // Die aktiven geläuterten Toten (200) / im Vorhimmel (3) / schauen die Herabkunft des lebenden Korns (41).

C. *Ausgelöscht*

Zweiter Teil

Zeile 4: ... Menschenopfer durch Herausnehmen des Herzens (175). // Der *Chilan* (143) / (und) Überfluß (71) / von toten Wesen (186) / (sind) // der Weg (85) / der Wiedererzeugung (98?).

Zeile 5: Die Seele (?) (25) / des Gottes 5 (?) (156) / ist das Wort (23) / des zu Gott gewordenen (Menschenopfers) (112). Der Geist (39) / der Wolken (60) / der sublunaren Welt (49) // (ist) die aktiven geläuterten Toten (200) ...

Blatt 17

Bild oben: *Das Innere des Tempels. Links das Kohlenbecken (unter Nr. 60); oben das Zeichen »Felder«: das Dachwerk wird von einer Säule gehalten, die das Zeichen »Altar« bildet und das Zeichen »Götter« als Kapitell hat.*

Erster Teil

Zeile 1:

A. Der Schutz ist im Wiedererwachen (der Natur). Der *Chilan* trägt sein Gebet zum Himmel.

B. Der Schutz ist im Wiedererwachen (der Natur). Der *Chilan* trägt sein Gebet zum Himmel.

C. Der Schutz ist im Wiedererwachen (der Natur). Der *Chilan* trägt sein Gebet zum Himmel.

Zeile 2:

A. Das Opferblut (168) / schützt (94) / den Tempel (121). //

B. Ritual (158) / zur Herabkunft des Wachstums (18). Opferblut (168) / Wasser (?) (61) / Ekstase (128).

C. Die Larven (106) / der toten Wesen (186) . . .

Zeile 3:

A. . . . . der Schatten der himmlischen Macht (110) / kommt (83).

B. Das Gedeihen (68) / wird / den herabkommenden *Chilam-Balam* (150) / hören. // Die Blutentnahme des Drachen (174) ist Überfluß (71) . . .

Die Bilder unter den drei Säulen:

A. *Der* Chilan *bei der Ausübung seines Amtes.*

B. *Ein Gott steigt in den Tempel herab.*

C. *Kultinstrumente.*

240

Zweiter Teil

Zeile 4:   A. ... Wiedergeburt ... // zur Gottheit gewordenes
Menschenopfer.

B. Der Weg (85) / des Wachstums (17) (ist) // die
aktiven geläuterten Toten (200) / im Vorhimmel (3)
// ...

Zeile 5:   A. Herabkunft überreichen (71) / Gedeihens (68) //
(dank den) aktiven geläuterten Toten (200) / im
Vorhimmel (3).

B. Donner (und) Lebenslicht (119 und 51) für die
sublunare Welt (49): / Der *Chilan* (143) schaut die
Vollendung (201) der toten Wesen (186).

Bild: Priester (oder Gott B?), der sich Blut entnimmt.

Blatt 18

Beschädigt

Erster Teil

Zeile 1:   A. Der Schutz ist im Erwachen (der Natur). Der *Chilan*
trägt sein Gebet zum Himmel.

B. Der Schutz ist im Erwachen (der Natur). Der *Chilan*
trägt sein Gebet zum Himmel.

C. Der Schutz ist im Erwachen (der Natur). Der *Chilan*
trägt sein Gebet zum Himmel.

Zeile 2:

A. Die Seele (25) / des Tempels (121) // geht ein (80) / in *Ahau* (den Herrn) (114).

B. (es ist) das große (72) Erwachen (36) // eingeschlossenen (26) / Gedeihens (68) / ...

C. *Ausgelöscht*

Zeile 3:

A. Die Ernten (68) / (erwarten) die Herabkunft des *Chilam-Balam* (150).

B. Die aktiven Toten (200) / opfern (162) / für die Stimme (23) des Donners (119).

C. *Ausgelöscht*

Zweiter Teil

Zeile 4:

... im Vorhimmel (3) / das große (72) Erwachen (36). // Der Himmel (113) schaut das Lebenslicht (50). // Der Himmel (113) wird sprechen (22). // Der herabkommende Donner (119) (ist) die geläuterten Toten (200) / im Vorhimmel (3) ...

Zeile 5:

... der verklärte Drache (174), // die aktiven geläuterten Toten (200), / die das Wachstum (19) schauen // (und) die Larven (106) / der toten Wesen (186): // der Tempel (121) / bringt Überfluß (71) herab.

Blätter 19 bis 24

Diese Blätter sind illustrierte Kalenderblätter (tzolkin); auf den vier letzten sind einige unten aufgeführte Schriftzeilen zu finden. Blatt 19 ist dem Tag 10, »Ben«, gewidmet, Blatt 20 dem Tag 20, »Akbal«.
Auf Blatt 21 befinden sich oben Spuren von zwei Zeilen, die von rechts nach links zu lesen sind: »die sehr wertvolle Wiedergeburt im Vorhimmel«.

Blatt 22

Bild: Im Himmel unterhalten sich friedlich die Götter.
Text von rechts nach links zu lesen.

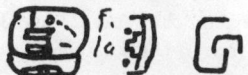

Zeile 1: ... Sie hören (22) ... im (80) / (Ritual) der Blüte (164) ...

Zeile 2: ... der *Chilan* denkt an die Toten (148) // Die sehr kostbare (205) / magische Kraft (37) / des Drachen (174) //: das Opfer (182) des großen (72) / Gebets (108). // ...

Über dem Kalenderblatt ein Text von sieben Zeilen.
Von rechts nach links zu lesen. (Zimmermann weist auf den Irrtum des Schreibers hin, wohl aufgrund seiner Gewohnheit, die Schrift von links nach rechts zu lesen.)

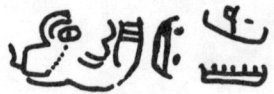

Zeile 1:   *Fast völlig ausgelöscht; es wird auf ein Hundeopfer (170) angespielt.*

Zeile 2:   *Das Zeichen »sublunare Welt« und das Zeichen »Band« (93) sind mit Punkten oder waagrechten roten Strichen versehen. Auf dem hellbraunen Original sind die Zeichen »Erde« und »magische Kraft« der ersten Gruppe weiß.*
... das magische Wort (23 und 37) / der Erde (50) (d. i. der Donner). Die kürzlich Gestorbenen (188) (?) / in (80) / der sublunaren Welt (49) // (sind) das Band (zwischen Himmel und Erde) (93) ...

Zeile 3:   ... die sublunare Welt (49) ... // erbittet (27) / die magische Kraft (37). / Die Stimme (23) / des schaffenden Gottes (116) (ist) im / herabkommenden Donner (119). / Sie geht ein in (80) / *Ahau* (114).

Zeile 4:   ... Der geopferte Hirsch (178) / schaut die Wiedererzeugung (der Natur) (98). // Die kürzlich Verstorbenen (188) (?) / (sind) in (80) / der sublunaren Welt (49) // Der große schützende (59) Zauber (37) / des Drachen (173) // gewährt (21) / die Wolken (60). / im (80) / Himmel (113).

Zeile 5:   ... ihre (203) / Fruchtbarkeit (10). // Der *Chilan* (143) der an das Korn denkt / in (80) / der sublunaren Welt (49) // erbittet (27) / das magische (37) Wort (23) / der Erde (50) / im (80) heiligen Mund (39) ...

Zeile 6:   ... die große (72) / Stimme (20). // Die kürzlich Verstorbenen (188) (?) / in (80) / der sublunaren Welt (49) // erbitten (27) / das Lebenslicht (51) (für) ihre (203) toten Wesen (186). // Der Gott / hört (22) / das Opfer (162) / des großen (72) / Gebets (108) ...

Die letzte Gruppe wurde irrtümlich von links nach rechts geschrieben.

245

Blatt 24

Von rechts nach links. Text von fünf Zeilen über einem Kalenderblatt.

Zeile 1:   *Unleserlich*

Zeile 2:   ... hört (22) // in (80) der Blüte (164). // Die aktiven Toten (190) / entzünden (130) / das Lebenslicht (51). // Das Wort (23) / des Himmels (113) / hört (22) / den Ackerbauritus (158 und 50) ...

Zeile 3:   ... Schaut der *Moan*-Truthahn (169) / die Wolken (60) / (so) vollzieht sich (89) / die Wiedererzeugung (103) der toten Wesen (186). // Sie verlangen (27) / den das Lebensfeuer bringenden Jaguar (?) (133). // Der herabkommende Donner (119) / (ist) in (80) / der Stimme (23) / des (schaffenden) Gottes (116).

Zeile 4:   ... der rufende Tote (?) (191) / erbittet (27) // das magische (37) Wort (23) der Erde (50). // Er hört (23) / das Opfer (162) / der Blüte (164). // Er hört (23) / den sich opfernden *Chilan* (?) (149).

246

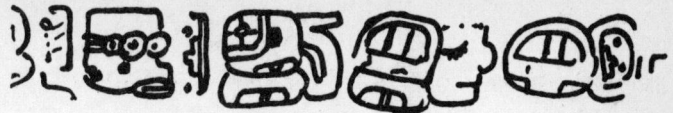

Zeile 5: ... Wort (23) / der sublunaren Welt (49). // Die kürzlich Verstorbenen (189) (?) / in (80) / der sublunaren Welt (49) // schützen (59) / im (80) / Wiedererwachen (der Natur) (118). // Sie hören (22) / den sehenden Gott 10 (142) ... Sie erbitten (27) ...

Indianische Weisheit

Rudolf Kaiser
Die Erde ist uns heilig
Die Reden des Chief Seattle und anderer indianischer
Häuptlinge. Band 4079
„Das ist die Wahrheit über die berühmte Rede" (DIE ZEIT).

Rudolf Kaiser
Indianischer Sonnengesang
Die Weisheit der Erde in der Spiritualität nordamerikanischer
Indianer. Band 4143
Bewegende Dokumente einer tiefen Einheit von Mensch und Natur.

Der Baum, der einem Mann ein Kind schenkte
Indianische Märchen und Mythen aus dem Regenwald
Herausgegeben von Klaus Keplinger
Band 4191
Paradiesische Erzählungen aus dem Volk der Ashininca.
Ein Dschungelbuch zum Verschlingen.

Klemens Ludwig
Flüstere zu dem Felsen
Die Botschaft der Ureinwohner unserer Erde zur Bewahrung
der Schöpfung. Band 4195

Rudolf Kaiser
Indianische Kinder- und Wiegenlieder
Band 4220
Mit zahlreichen schmückenden Vignetten.

Georg Bydlinski/Käthe Recheis
Die Erde ist eine Trommel
Weisheit der indianischen Ureinwohner Nordamerikas
Band 4245
Der eindrucksvolle traditionelle Reichtum indianischer Kultur.

HERDER / SPEKTRUM

Die Welt der Religionen

Die fünf großen Weltreligionen
Islam, Judentum, Buddhismus, Hinduismus, Christentum
Herausgegeben von Emma Brunner-Traut
Band 4006
Über die Grenzen der Kontinente hinweg erschließt dieses Buch den
Kosmos der Religionen.

Karlheinz Weißmann
Druiden, Goden, Weise Frauen
Zurück zu Europas alten Göttern
Band 4045
Sind die neuen Heiden im Kommen? Fakten und Trends.

Lexikon der Religionen
Phänomene – Geschichte – Ideen
Herausgegeben von Hans Waldenfels
Begründet von Franz König
Band 4090
„In Fachkompetenz, Klarheit und Aktualität einzigartig" (Süddeutscher
Rundfunk).

Die Bhagavadgita
In der Übertragung von Sri Aurobindo
Mit einer Einführung von Anand Nayak
Band 4106
Die älteste heilige Schrift der Menschheit in der tiefschürfenden
Übertragung eines der bedeutendsten indischen Yogis.

Die Reden des Buddha
Lehre, Verse, Erzählungen
Band 4112
Texte voll denkerischer Tiefe und Poesie – ein Kompendium des
Weisheitswissens von unvergleichlicher Aktualität.

HERDER / SPEKTRUM

Johann Maier
Geschichte der jüdischen Religion
Band 4116
Die aufregende und wechselvolle Biographie einer der ältesten
Menschheitsreligionen der Welt.

Hartmut Stegemann
Die Essener, Qumran, Johannes der Täufer und Jesus
Ein Sachbuch
Band 4128
Das Geheimnis der Höhlen von Qumran und einer der einflußreichsten
religiösen Vereinigungen zur Zeit Jesu.

Georg Fohrer
Geschichte der israelitischen Religion
Band 4144
Von Macht und Ohnmacht, phantastischen Aufbrüchen und
verheerenden Niederlagen: ein Meisterwerk lebendiger
Geschichtsschreibung.

Dalai Lama
Einführung in den Buddhismus
Die Harvard-Vorlesungen
Band 4148
Ein faszinierendes Dokument östlicher Geisteskultur, wie es außer dem
Friedensnobelpreisträger wohl kaum ein buddhistischer Lehrer hätte
verfassen können.

Imam Abd ar-Rahim ibn Ahmad al-Qadi
Das Totenbuch des Islam
Die Lehren des Propheten Mohammed über das Leben nach
dem Tode
Band 4150
Die faszinierende Vision eines großen Religionsstifters über die lange
Reise der Seele nach dem Tod.

HERDER / SPEKTRUM

Das Ethos der Weltreligionen
Hinduismus, Buddhismus, Konfuzianismus, Daoismus,
Judentum, Christentum, Islam
Herausgegeben von Adel Theodor Khoury
Band 4166

Die Herausforderungen der Gegenwart können nur im
Zusammenwirken aller Religionen gemeistert werden. Eine realistische
Vision.

Adel Theodor Khoury
Der Islam
Sein Glaube, seine Lebensordnung, sein Anspruch
Band 4167

Zwei Millionen Muslime leben mitten unter uns. Weltweit ist der Islam
im Vormarsch. Was wissen wir über diese vielschichtige Religion?

Albert Champdor
Das Ägyptische Totenbuch
Vom Geheimnis des Jenseits im Reich der Pharaonen
Band 4183

Faszinierende Einblicke in Denken, Psyche, Todesvorstellungen und
Götterwelt der alten Ägypter. Mit zahlreichen Abbildungen.

Frithjof Schuon
Den Islam verstehen
Innere Lehre und mystische Erfahrung
Band 4189

Was macht den Kern des Islam aus? Weit entfernt von Zerrbildern und
Vorurteilen beschreibt Schuon, warum und woran Muslime glauben.

Daisetz Teitaro Suzuki
Wesen und Sinn des Buddhismus
Ur-Erfahrung und Ur-Wissen
Band 4197

Die Quintessenz des Buddhismus: Grundideen des Zen, seine
Spiritualität und Philosophie in überzeugend klarer Darstellung.

HERDER / SPEKTRUM

Mircea Eliade
Geschichte der religiösen Ideen
5 Bände in Kassette
Band 4200

„Eine gewaltige geistige Unternehmung, fesselnd und
allgemeinverständlich aufbereitet" (Süddeutsche Zeitung).

Friedrich-Wilhelm Haack
Europas neue Religion
Sekten – Gurus – Satanskult
Band 4221

Haben Kirchen und Gesellschaft versagt? Zunehmend bedienen sich
neue Gruppierungen raffinierter psychologischer Methoden, um
Menschen in ihren Bann zu ziehen.

Dalai Lama
Sehnsucht nach dem Wesentlichen
Die Gespräche in Bodhgaya
Band 4229

Menschen aus allen Kulturkreisen haben den Friedensnobelpreisträger
aufgesucht und neue Impulse für ihr spirituelles Leben gewonnen.

Emma Brunner-Traut
Die Stifter der großen Religionen
Echnaton, Zarathustra, Mose, Jesus, Mani, Muhammad,
Buddha, Konfuzius, Lao-tse
Band 4254

Welche Menschen stehen hinter den großen Religionen? Was ist
Legende, was Wirklichkeit? Ein neues Standardwerk der Autorin.

Hans Gasper/Joachim Müller/Friederike Valentin
Lexikon der Sekten, Sondergruppen und Weltanschauungen
Fakten, Hintergründe, Klärungen
Vollständig neubearbeitete und aktualisierte Neuausgabe
Band 4271

Das Informationswerk über die religiöse und weltanschauliche „Szene"
des gesamten deutschsprachigen Raums. Mit mehr als 300 Artikeln.

HERDER / SPEKTRUM

Faszination Kultur, Erlebnis Geschichte

Arno Borst
Die Katharer
Mit einem Nachwort von Alexander Patschovsky
Band 4025
„Wen das Mittelalter interessiert, aber auch jeder, der wissen will, wie
Europa geworden ist, wird das Buch mit Vergnügen lesen" (FAZ).

Malcolm Lambert
Ketzerei im Mittelalter
Eine Geschichte von Gewalt und Scheitern
Band 4047
Die packende Schilderung eines verwickelten Kapitels Geschichte.
Eine exzellente Orientierung.

Carl Friedrich von Weizsäcker
Die Sterne sind glühende Gaskugeln und Gott ist gegenwärtig
Über Religion und Naturwissenschaft
Band 4077
Ein Buch, das mit uralten Mißverständnissen aufräumt und einen
radikalen Bewußtseinswandel fordert.

Jacques Gélis
Das Geheimnis der Geburt
Rituale, Volksglaube, Überlieferung
Band 4103
Ein aufschlußreiches Kapitel Kulturgeschichte: Der Mensch ist schon
vor der Geburt ein Kind seiner Zeit.

Mircea Eliade
Schamanen, Götter und Mysterien
Die Welt der alten Griechen
Band 4108
An der Wiege Europas stehen die religiösen Vorstellungen der
Griechen. Mit zahlreichen Quellentexten.

HERDER / SPEKTRUM

Li Zehou
Der Weg des Schönen
Geschichte der chinesischen Kultur und Ästhetik
Herausgegeben von Karlheinz Pohl und Gudrun Wacker
Band 4114

Li Zehou, Dissident und „einer der bedeutendsten chinesischen Denker der Gegenwart" (Süddeutsche Zeitung), läßt Kunst und Literatur des Reichs der Mitte zum Erlebnis werden.

Hildegard von Bingen
Scivias – Wisse die Wege
Eine Schau von Gott und Mensch in Schöpfung und Zeit
Band 4115

Das Hauptwerk Hildegards: die faszinierenden, überraschend aktuellen Visionen einer der modernsten Frauen des Mittelalters.

Thomas Görnitz
Carl Friedrich von Weizsäcker
Ein Denker an der Schwelle zum neuen Jahrtausend
Band 4125

Die fesselnd geschriebene Hommage an einen eindrucksvollen Menschen und prophetischen Kritiker unserer Zeit.

Hanspeter Hasenfratz
Die religiöse Welt der Germanen
Ritual, Magie, Kult, Mythus
Band 4145

Zurück zu den Ursprüngen unserer Geschichte: plastische, spannende Informationen über eine Welt voller Zauber und Magie.

Mircea Eliade
Schmiede und Alchemisten
Mythos und Magie der Machbarkeit
Band 4175

Verblüffende Zusammenhänge zwischen der Arbeit der Schmiede, dem Werk der Zauberpriester und der Krise der modernen Welt.

HERDER / SPEKTRUM

Hans Sedlmayr
Die Entstehung der Kathedrale
Band 4181
„Ein Buch von gleicher materialer Weite und gleicher Tiefe wird nicht
wieder geschrieben werden können" (Das Münster). Mit zahlreichen
schwarzweißen Abbildungen.

Herder-Lexikon Symbole
Band 4187
Symbole von der Steinzeit bis zur Gegenwart, aus verschiedensten
Völkern und Kulturkreisen. Ein Schlüssel zur Botschaft der Bilder.

Helena Norberg-Hodge
Leben in Ladakh
Mit einem Vorwort des Dalai Lama
Band 4204
Mehr als ein Reisebericht. – Die Erfahrungen einer Frau, die im
Grenzland Tibets eine alte Kultur neu entdeckt und für dieses
Engagement den alternativen Nobelpreis erhalten hat.

Uwe-Volker Segeth
Das hat mir noch gefehlt
Lust und Frust des Sammelns
Band 4238
Schon im Kindergarten ging es los: Tausche Milchzahn gegen
Gummispinne ... Ein amüsantes Brevier für passionierte Sammler und
solche, die es immer schon werden wollten.

Herder Lexikon Germanische und keltische Mythologie
Mit rund 1400 Stichwörtern sowie über 90 Abbildungen und
Tabellen
Band 4250
Das Standardwerk. Unverzichtbar zur Orientierung am Götterhimmel.
Mit Artikeln zur Dichtung und zahlreichen Abbildungen.

HERDER / SPEKTRUM